U0030331

Knowledge BASE 系列

一冊通曉 生而為人的困惑與思索

圖解 哲學 修訂版

李忠謙 著　林正弘 審訂

哲學的樂趣從解答自身困惑開啟

文◎林正弘（前國科會人文學研究中心主任）

　　有一位著名的哲學教授，因為口才犀利，課程內容精彩，每堂課都聽眾爆滿，最大的教室也無法容納。有一次他問聽眾：「你們來這裡幹什麼？我來這裡是因為領了學校的薪水，你們到底為了什麼？」他接著問：「你們有什麼困擾的問題要在哲學領域內尋求解答？如果沒有，大可不必來此湊熱鬧。」聽眾並沒有提出令自己困擾的問題，但未因此而離去。這位教授原先是學物理的，有些疑惑無法在科學中得到解答，於是開始做哲學層次的思索，終於成為專業哲學家。他告訴學生：一個人如果沒有這類困惑，沒有思索過哲學層次的問題，那麼也無法體會深奧的哲學學說，無法享受閱讀哲學論著的樂趣。

　　教授的一席話，指出了走入哲學之門的一條道路。許多人因好奇而接觸哲學，往往覺得不知所云。有人甚至形容哲學是把簡單的道理說得令人難懂的學問。由自己關切的問題入手，可以避免這樣的窘境。許多哲學問題與具體問題息息相關。哲學理論的內容確實非常抽象而難以明確掌握，但卻可以從具體問題來理解。現在以對知覺的懷疑為例來說明。在十七世紀，伽利略使用望遠鏡觀察天象，來支持哥白尼的天文學理論。當時一般天文學家拒絕使用望遠鏡，不相信透過望遠鏡所看到的是天象的真實狀況。當時的光學理論尚未能證實望遠鏡的可靠性。如果這個理由可以成立，則在視覺理論尚未能證實視覺的可靠性之前，我們也不應相信透過眼睛所看到的是世界的真實狀況。我們可以追問：我們如何證明眼睛所看到的是世界的實況？視覺理論如何證實視覺的可靠性？這樣追問下去，就會觸及一個哲學史上的老問題，就是實在論與觀念論之間的爭論。

　　哲學問題的探討，從困擾自己的問題入手固然是最能引發認真思索及切身體會的途徑，但並非導入哲學問題的唯一方法。我們不一定對所有困擾的問題都會做深入的探討，也不一定會做哲學層面的思考。我們有時需要別人來提示：問題的癥結在哪裡？可以從哪個層面切入去思考？因此，我們也不妨在心中未有明確的問題之前，直接閱讀討論哲學問題的論著，瞭解其內容，並在其中尋找自己關切的問題，做更深入的思考。舉例言之，討論哲學問題的著作大多會討論決定論與自由意志的問題。按照決定論的說法，每一事件都有其所以發生的原因，這些原因促成事件的發生。但原因本身也是事件，也有其所以發生的原因，而這些原

因又有其原因。如此層層相因，必可追溯到遠古時代，那時已具備原因，透過複雜的因果網絡，早就注定目前的事件一定會發生。如果上述的決定論可以成立，則「自由意志」是否存在即值得懷疑。因為人的行為也是事件，也是由複雜的因果網絡早就注定會發生的。一個人的行為若早在其出生之前就注定會發生，則該行為就很難認為是行為人的自由意志決定要做的行為，因而也就不宜讓行為人負擔任何責任。在哲學上，決定論、自由意志與責任三者之間的關係是形上學、心靈哲學及倫理學的複雜問題。學法律的人也許會從這些問題的爭論中引發一些與法律相關的議題。例如：一個被強迫洗腦而接受某些信念的人，對依據其信念所做的行為，要不要負法律責任？一個受義務教育而相信某些教條的人，對依據這些教條所做的行為，要不要負法律責任？這兩種情況有何不同？如果決定論的觀點可以成立，人類的行為都不是其自由意志所決定的，因而不必負擔任何責任，那麼為何允許處罰制度存在？刑事處罰制度是否應該改成犯罪行為矯治制度？

由哲學問題入手固然能夠顯示哲學的功能及哲學家思考問題的理路，也容易引起初學者的興趣，並進一步針對特定問題做較深入的思考。但這個入手的途徑容易忽略不同的哲學問題之間的關係，也不易掌握或鳥瞰哲學的全部領域。補救這些缺點的方法是介紹各學派或個別哲學家的重要學說，並略述整個哲學的發展線索。對某一哲學派別或某一哲學家的學說做全盤的瞭解，最能讓初學者享受學習哲學的樂趣，並能引導讀者直接閱讀重要哲學家的原著，充分體會哲學思考的奧妙。對哲學史發展的介紹則可以讓初學者在較短期間內，粗略的認識整個哲學領域，以便選擇自己感興趣的學派或主題，做進一步的學習。

本書的內容涵蓋東西方重要哲學家，介紹的順序雖然按照時間的先後，但重點並未放在哲學概念或內容的歷史發展，而是放在個別哲學家學說的介紹。作者以流暢的文筆，清楚地介紹重要哲學家的一些重要概念及學說，確實做到了簡明易懂而又不致誤導的地步。

林正弘

1 驚奇之旅的行前準備
哲學是什麼？

2 行前暖暖身
哲學家都想些什麼問題？

③ 旅遊必備良方
哲學家們怎麼想問題？

④ 驚奇之旅（一）
希臘與中世紀的哲學

5 驚奇之旅（二）
近代西方哲學

6 驚奇之旅（三）
當代西方哲學

7 驚奇之旅（四）
中國哲學

8 驚奇之旅（五）
傳統印度哲學

1

驚奇之旅的行前準備
哲學是什麼?

　　所有的孩子都有一顆好奇的心,總是對
每件事問為什麼,歪著小小腦袋的稚嫩
心靈,也許是因為無知、感到好奇、或
者純粹出於好玩;可是一旦長大了,許
多人卻對「為什麼」這件事不再感興
趣,可能出於不再好奇、自認為無所不
知、或者覺得不好玩了。不過,有些大
人仍對世間萬物抱持興趣和思考習慣,
追根究柢地想要瞭解這一切究竟是怎麼
回事。你喜歡哲學?還是討厭哲學?還
是覺得哲學陌生又難懂呢?或許你應該
先看看哲學是什麼,再來決定自己的態
度。

學習重點

- 「哲學」是什麼意思？
- 如何為哲學下定義？
- 哲學討論什麼事？
- 科學發達時還需要哲學嗎？
- 哲學和宗教有什麼不同？

哲學究竟是什麼？

聽到「哲學」二字，你會想到什麼呢？充滿禪意的智慧言語？人類思維的終極關懷？鑽牛角尖的灰暗思想？毫無用處的空泛言論？也許你覺得有趣，也許你覺得無聊。但，哲學究竟是什麼？

噢，哲學！

「哲學是什麼？」這真是一個不容易回答又令人頭痛的問題。不過因為思索問題而頭痛不見得是件壞事。你知道希臘神話裡的智慧女神是怎麼出生的嗎？有一天宙斯頭痛欲裂，智慧女神雅典娜就這麼從他的頭裡迸出來。而希臘哲學家蘇格拉底，則把他幫助他人獲得正確看法的交談方法比喻為「助產術」，可見智慧往往要經過一場切身的痛苦，但是痛過所得到的卻是甜美的智慧果實。

哲學家也沒有共識的問題

其實，「哲學是什麼？」不僅僅對初學者而言是個不容易回答的問題，對許多哲學家而言，也不見得有共通答案。很少有學問像哲學一樣，竟然對學問本身到底要研究什麼都有不同的看法。有人認為哲學是學問之母、有人認為哲學是人類文明發展未成熟的過渡階段、也有人認為哲學是人生導師。其實「哲學是什麼？」本身就是一個很重要的問題，對這個問題的不同立場，甚至形成了哲學上的不同學派。

這是一本什麼書？

正因為哲學問題從來沒有標準解答，因此這本書並不是哲學問題的解答本，更不是哲學教科書。筆者希望這本書是一場思維的驚奇之旅，帶領你淺嚐幾千年來的哲學家們對種種有趣而重要的哲學問題所做的思索努力。在蘇格拉底「助產術」的比喻中，已透露了智慧不會是那種別人告訴你的東西，而應該是經過自己的深切反省所得。助產士只是將孕婦懷胎十月的小嬰兒接生出來而已。重要的是透過這場驚奇之旅，能夠引導你閱讀哲學進而能夠自己思索哲學問題，親身領略哲學的迷人風采。

命相館裡的「哲學博士」？

在台灣有許多命相館的招牌上都寫著「哲學博士」，但其實所有大學的哲學系都沒有教授算命的課程。就算他真是哲學博士，也跟算命看相無關，就像牛肉麵店掛個物理博士的文憑一樣。這種掛羊頭賣狗肉的舉動，也是哲學被誤解的主要原因。

哲學是什麼？

哲學是……

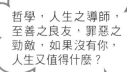

哲學，人生之導師，至善之良友，罪惡之勁敵，如果沒有你，人生又值得什麼？

西塞羅

哲學是神學的婢女。

聖多瑪斯

哲學不要求人們信仰它，而只要人們檢驗疑團。

馬克思

哲學是介於科學與神學之間的中間地帶。

羅素

哲學不是一個理論，而是一種活動，哲學的結果不是哲學的語句，而是語句的澄清。

維根斯坦

哲學這個詞怎麼來的？

哲學不容易被了解的原因有很多，其中一個是單從字面上沒辦法看出來到底這門學問在研究什麼，而且在學校學習的過程中我們也少有機會接觸哲學。「哲學」之名從何而來？且讓我們從頭說起。

折口之學是什麼呢？

曾經聽過一種說法：「哲學、哲學，乃折口之學也。」意思是哲學要人少說話，多思考。這種說法乍看言之成理，但蘇格拉底正是以對話辯證有名於希臘時代，當代的哈伯瑪斯也十分重視對話和溝通。哲學固然重視思考，但卻沒有叫人閉上嘴巴。如果知道了「哲學」二字的來歷，更會知道這不過是附會之詞。

Made in Japan

在漢文化中本來沒有「哲學」這個詞，直到明朝末年耶穌會士將西方近代思潮、器物傳入中國，哲學才被徐光啟音譯為「費祿蘇非亞」、而李之藻則意譯為「愛知學」。而「哲學」一詞，最初是由日本學者西周所譯，他一開始將其譯為「希賢學」、「希哲學」（「希」是仰慕、希望；「哲」則是明智、智慧），後來再改

譯為「哲學」，「哲學」之名這才第一次出現，一八七四年東京帝大進而成立了哲學科。「哲學」最後也在民國初年諸多譯名的爭戰中勝出。

哲學就是愛智慧

不論「哲學」之名是來自中國或者日本，要確定它的涵義還是得回到原文的文化傳統裡頭去審視。在西方文化之中，不管是哪一種語言的「哲學」，都源於希臘文的「$\phi\iota\lambda o\sigma o\phi\iota\alpha$」。「$\phi\iota\lambda o$」（Philo）是「愛」，「$\sigma o\phi\iota\alpha$」（Sophia）則是「智慧」之意，「哲學」便是「愛智慧」。由此看來，李之藻和耶穌會教士翻譯的「愛知學」和西周所譯的「希哲學」都十分符合希臘原文的意義。哲學在西方是發源於西元前六世紀的古老學問，它最原始的意義，就是愛智慧。

台灣第一個哲學博士—林茂生

林茂生是台灣台南人，於東京帝大哲學科畢業，之後又在哲學家杜威指導下獲哥倫比亞大學哲學博士，是台灣人獲文科博士的第一人。二戰後林茂生擔任台灣大學哲學系教授、文學院院長，並創辦「民報」，敢於批評時政。不幸於二二八事件時失蹤。

「哲學」名詞由來

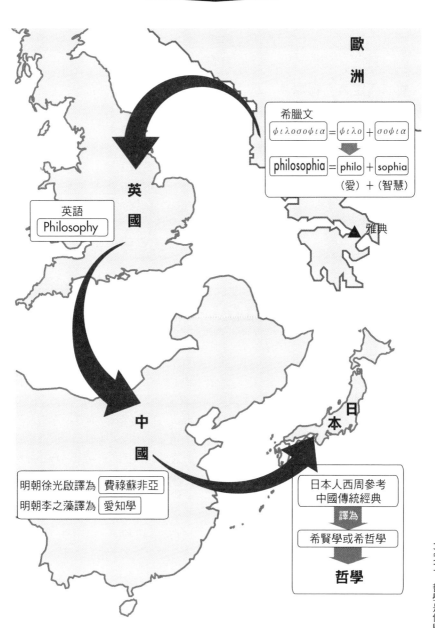

從定義的方式看「哲學」

哲學就是愛智慧，但是這似乎太籠統了。讓我們再從「內涵定義」和「外延定義」這兩種定義方式，更進一步來看「哲學」是什麼。

要如何定義名詞呢？

當我們與他人溝通時，往往需要對所使用的字詞下定義，以精確的傳達自己的想法。我們可以將字詞的意義分為兩個層面：「外延」和「內涵」。「外延」指的是字詞在世界上所代表的事物，像「人」這個詞的外延之一就是現在正在看書的你；而「內涵」則是字詞本身的涵義，像是「等邊三角形」的內涵是三邊等長的三角形。不同內涵的字詞可能會有相同的外延，像是「等邊三角形」和「等角三角形」，反過來說，相同的外延也可能會有不同的內涵。

哲學的內涵

許多哲學家對「哲學是什麼」的看法往往大不相同。「認識你自己」是希臘時期探索人生的箴言，啟發了蘇格拉底的哲思；現象學派的胡塞爾認為哲學是一門最嚴格的學問，為所有知識提供一個鞏固的基礎；分析哲學開創者之一的維根斯坦則認為一切哲學問題都是來自語言的誤用，在用語釐清之後就不會再有哲學問題。讓我們對哲學思辨做一般性的觀察，而先不要介入這些爭論，我們會發現「哲學」是對於人自己和人所處世界的根本問題所做的探究和反思。許多人類文明的普世概念與價值，像是「真」、「善」、「美」、「自由」、「正義」、「仁愛」等等都是哲學反省思索的對象。

哲學的兩種外延─知識對象和實踐態度

而「哲學」的外延又是什麼呢？最簡單的答案就是哲學家們所提出的各種理論化和系統化的世界觀，但如果把「哲學」僅僅當成是用來背誦的知識，那反倒跟愛智慧的精神背道而馳了。蘇格拉底曾說：「一個未經檢視的生命，是不值得活的。」黑格爾則說「哲學的首要條件乃是對真理之勇氣。」懂得再多哲學家的想法，那終究是他們自己對其生命和所追尋真理所做的反省和解答─但那並不屬於我們自己。我們自己的反思和答案毋寧更為重要，哲學是一種打破砂鍋問到底的探究精神，而不該只是蒼白死寂的知識對象，甚至是操弄概念的知識癖。

「哲學」的兩種定義方式

定義名詞的方式

內涵 表示字詞的涵意

外延 表示字詞在世界上所代表的事物

定義「三角形」

例如

內涵 由三個邊所構成的幾何圖形

外延 ▲ ◣ ▽ ◢ ⋯

定義「哲學」

例如

內涵 對人自己和人所處世界的根本問題所做的探究與反思

外延 1 知識對象：哲學家們所提出的各種理論化和系統化的世界觀
2 實踐態度：對人生和世界打破砂鍋問到底的探究精神

一個未經過檢視的生命，是不值得活的。

蘇格拉底

哲學與科學的關係

從十六世紀科學革命之後，自然科學的進步為人類帶來莫大的便利。培根所說的「知識就是力量」是其最好的註腳。既然科學如此進步，我們還需要看似玄思的哲學嗎？

西方學術的發展歷程

我們都知道西方文明發源於希臘時代，而當時所謂的哲學研究幾乎涵蓋一切學問，這也是今日許多領域的最高學位都通稱為「哲學博士」(Ph. D.=Doctor of philosophy) 的由來。隨著研究領域的分工和深入，在近代西方的科學革命之後，自然科學才逐漸與哲學分道揚鑣，當時哲學和科學的關係，從牛頓力學的經典著作名稱《自然哲學的數學原理》可見一斑；到十九世紀末二十世紀初，心理學和社會學等學科再從哲學中分離出來，成為獨立的學科。由於許多學科不斷從哲學分離出去，這引發了一個問題：哲學還剩下什麼？

以經驗為基礎的科學研究

從哲學分離出去的學科雖然多，其中大多有一個共通的特徵，就是研究對象僅限於感官經驗的世界，或者說以經驗為方法來進行研究。但是哲學對於知識究竟應不應該立基於經驗，從希臘時代開始就有不同立場的爭辯，近代哲學的重心更是由經驗論和理性論的爭辯所構成的，然而科學迴避了這個難題，或者說科學所抱持的答案便是某種經驗論的立場，科學家們在經驗研究的基礎上從事知識的探索。科學雖然因研究對象的不同區分為自然科學、社會科學及其所屬的各種學科，但是「經驗」是它們共同的礎石。

科學的極限

科學發展雖然取得極大的成就，但整體性和基礎性的哲學思考，並不因此而終止。一來因為知識基礎為何的古老問題仍未真正解決，而且哲學更是對現存信念、知識與價值提出懷疑和挑戰。我們除了在科學所提供的知識基礎上思考哲學問題，更可以質疑經驗的真實性、思索經驗以外的可能性，甚至對科學研究本身做出哲學反省。至於科學無法回答的價值問題更需要哲學對其深刻反省，像是複製人和代理孕母都是今天科學已經「能夠」做到的，但是否「應該」做，如果僅僅仰賴實驗和觀察的科學無法提供我們指引；而社會正義、自由與秩序的衝突、人與自然如何共處，這種種問題更不是仰賴哪一條科學定理就可以輕易解答。

科學與哲學的互動

在希臘時代哲學本來包含著一切學問，所以哲學其實也是一種對於知識的熱愛，許多歷來的哲學家也精通其他的學術領域，而非處在哲學領域孤芳自賞，哲學與科學也一直有所互動。一方面科學研究的成果引發了哲學問題的討論，或者提供回答哲學問題的資源。像是牛頓力學對於宇宙的理解是一種強調因果關係的決定論世界觀─只要有物體的起始位置、初速和加速度等資料，就能推算出這個物體在其他時間的所在位置。但是在二十世紀量子力學的發展之下，機率取代了因果關係，也深深撼動了牛頓力學的世界觀，在科學家之間也發生了哲學性的爭論，對於講求機率的量子力學，愛因斯坦就曾經說：「上帝不玩骰子」。而傳統哲學對心靈的反省，在當代則有神經生理學、心理學、語言研究、電腦模擬等科學領域共同加入解謎的行列。科學雖有所侷限，但與哲學仍互動密切。

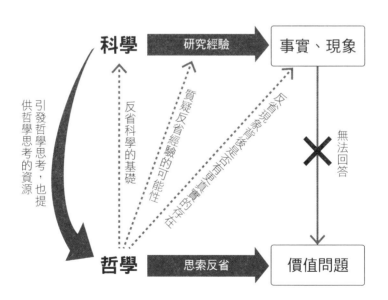

哲學與科學的關係

科學 ──研究經驗→ 事實、現象

引發哲學思考，也提供哲學思考的資源

反省科學的基礎

質疑反省經驗的可能性

反省事實現象的既有理解與意義

× 無法回答

哲學 ──思索反省→ 價值問題

哲學與宗教的關係

哲學意味著愛智慧，但是人間的種種宗教給予人們心靈的寄託、行為的指引和精神的解放。與哲學相比，我們能不能說宗教更是一種大智慧呢？

什麼是宗教？

宗教信仰幾乎是所有人類社會共有的現象，但如果要對宗教下定義，卻不是件簡單的事，因為世界上每個宗教的特性都不盡相同。有些宗教信仰崇拜神明，像是基督教、伊斯蘭教、猶太教和道教；但佛教卻不要求人信仰神祇，也不認為神祇重要；在漢文化中扮演重要角色的儒家在西方人看來甚至也是一種宗教。一般認為宗教的特徵有特定的教義、儀式、教規、聖物、對神明的崇拜等等。宗教往往也帶有超越性和神聖性，能夠帶給信仰者信心、喜樂與平靜。宗教跟哲學一樣，我們難以用科學加以檢驗，因為宗教的超越性使其並不侷限於經驗對象、甚至不侷限於現世。

信仰和理性反思

如果代表哲學的動詞是追問和反思，那麼代表宗教的動詞就是體驗和信仰。大部分的哲學家運用理性，試圖解答宇宙人生的根本問題，一切預設都被理性所質疑和挑戰；宗教也追問世界人生的根本問題，但其給予的答案卻往往不是憑藉人類理性思考所得，而是透過某種難以言喻的神祕經驗和宗教體驗。這種體驗具體來說像是通靈、天啟、某種感動、或者神明現身所示的教誨和聖訓。而信仰者對於所信仰的對象則是全然的接受、委身，甚至願意犧牲生命。信仰的對象通常是不可懷疑和挑戰的，即使有無法合理說明之處，通常也被認為是因為人的能力有所侷限，但是在神明那裡一切自有解釋。

理性對於宗教的反省—宗教哲學

宗教信仰的內容與許多相關問題也是哲學運用理性反省的對象之一，也就是「宗教哲學」。像是宗教的理論、宗教跟道德的關係、上帝或靈魂是否存在、神與宇宙之目的等等都是宗教哲學關注的課題。宗教信仰也可能影響到哲學的內容，兩者甚至有時難以區分。像是西方哲學與基督教的上帝、印度哲學與佛教思想、中國哲學和原始宗教中的天人關係等等，哲學所不能解答之處，往往也是宗教的起點。許多哲學家也論證出上帝的存在—當然，否定上帝存在的論證可能一樣多。

理性在宗教之內的運用—神學

許多宗教家也不是全然將信仰訴諸理性以外的因素，像是許多基督宗教的神學家也運用理性來堅定信仰，不過雖然神學和宗教哲學看起來相去無幾，但兩者並不相同。神學是先肯定了上帝的存在，進而運用哲學概念或思辨方法支持所信仰的宗教，這和哲學以理性出發而無所預設的態度有所不同。在西方哲學史上，宗教和哲學結合最為重要的時期就是中世紀的教父哲學和經院哲學，他們運用希臘發展出來的哲學概念來詮釋或維護基督教的信仰。不過究竟人類的理性有沒有能力認識甚至證明上帝的存在，基督宗教的神學家們也還是有不同的看法。

哲學與宗教的關係

宗教哲學
以理性反省宗教

哲學
思辨　≠　宗教
　　　　　信仰

從信仰出發，
以哲學鞏固信仰

神學

哲學有什麼用？

第一次接觸哲學的人大多會問：「那麼，哲學到底有什麼用？」這是進入哲學思辨之前無可迴避的大哉問。

哲學有什麼用？

「哲學有什麼用？」是很多人心中對哲學會有的疑問，但這個問題卻不太容易回答，這有點像去質疑「音樂有什麼用？」、「愛情有什麼用？」蘇格拉底常會問跟他討論的人所指的意思究竟是什麼？我們也可以想想「有什麼用」是什麼意思？如果「有什麼用」意味著可以「帶來什麼現實利益」，哲學的確不是用來滿足此種目的。「哲學有什麼用？」取決於你認為「你」自己要怎麼用，或者說你的自我期許是什麼？對某些人而言，哲學真的是沒用的。

小王子的玫瑰花有什麼用？

法國作家聖修伯里所寫的《小王子》也許可以給我們一些啟示。小王子在離開玫瑰和他的星球後，曾經拜訪附近的六顆小行星。他分別遇見國王、虛榮者、酒鬼、實業家、點燈人、地理學家。這些人當然也可能問「哲學有什麼用？」，然而就像他們永遠不會覺得小王子的玫瑰「有用」，哲學對於他們各自的人生來說也的確「沒有用」（小王子也從來不覺得酒鬼的酒瓶「有用」）。問題並不在於哲學有沒有用，而在於你是哪一種人，更重要的是你可以決定你要做哪一種人，這才決定了哲學對你而言是有用，還是沒用。

每個文明都應該有人去思考這個問題

最後我想引述過世的政治哲學家約翰羅爾斯的看法來回答這個問題。有學生曾經問他，為什麼他要研究哲學，羅爾斯的答案是這樣的：「每個文明都應該有人去思考這些問題。不僅這種研究本身就有價值，一個沒有人認真去思考形上學、知識論、道德與政治哲學的社會，其實是一個殘缺不全的社會。構成文明社會的部分條件，正在於意識到上述問題及其可能的答案。這些答案會影響我們如何看待自己在世界中的位置，而哲學如果研究得好，需要提出合理的答案，以讓一般願意去沈思的人知道這些答案，並成為文化的一部分。藝術和音樂也是這樣：如果你是好的作曲家或畫家，你的工作也會深化我們的了解。」

這些人這些事有什麼用呢？

只知服從的點燈人

「沒什麼好了解的，
只要服從命令便是了。」

自我陶醉的虛榮者

「讚美我吧！承認我是
星球上最漂亮、最有
錢、最有智慧的人！」

**只知統治和命令
他人的國王**

「我統治世上的一切，
一切也都對我服從！」

玫瑰花有什麼用呢？

鎮日陰鬱的酒鬼

「我喝酒，為了要遺
忘我的可恥。你問我
可恥什麼？喝酒可
恥！」

為賺錢而賺錢的實業家

「我把我所占有和管理的算
了又算， 占有能讓我成為
富翁，我沒有時間閒談。」

不離斗室的地理學家

「我才不會把玫瑰花記載到
我的厚書裡頭， 那不過是，
一種朝生暮死的玩意！」

關鍵：

我要當哪一種人呢？
哲學對我來說有什麼用呢？

2

行前暖暖身

哲學家都想些什麼問題？

也許哲學對你而言是一種最好敬而遠之的學問，因為哲學家總是說些看似很有道理，但卻又讓人搞不懂究竟是什麼意思的高深理論，我們不如先來看看哲學家都關心些什麼問題。我相信不管你今年多大歲數？學什麼？做什麼？有什麼興趣？只要看到這些問題，你一定也有自己的想法。當你開始想：應該是這樣……不對不對，應該是那樣時，咦！你也開始思索哲學問題囉！

學習重點

- 世界是由什麼構成的？
- 存在的真相是什麼？
- 神存在嗎？
- 知識可靠嗎？
- 唯心論、唯物論是什麼？
- 因果律、決定論是什麼？
- 我有自由意志嗎？
- 道德和幸福有什麼關係？

存在的真相

根據現有的記載，第一個出現在西方哲學史上的主張是泰利斯的「水是萬有生成的本原」。這樣一個看似哲學又像科學的命題，引發了後世對存在真相的無盡探求。

這世界是什麼構成的呢？

在希臘歷史上，哲學的開端是因為有人嘗試去思考這樣子的問題：「世界究竟是由什麼東西構成的？」他們並不受限於感官所認識到的經驗事實，而是以理性思索在流變萬物背後是否有一個終極的，也就是最後的、最根本的基礎。這樣的終極基礎與科學原理並不相同，因為科學建立在經驗研究之上，而在經驗之外的上帝就不屬於科學探究的對象；而且科學所預設的「因果律」、以及「我們所經驗到的對象的確實存在」等等看法反倒是哲學問題的起點。就如同亞里斯多德"Metaphysics"（形上學）的書名所給我們的啟示：「在物理學之後的究竟是什麼？」（編按：物理學的英文為Physics, meta 表示在…之後）

什麼是真正的存在者？

形上學研究一切存在事物的原理。不過在形上學中一個更根本的問題是：究竟真正存在的是什麼？這個被稱為「存有論」或「本體論」的形上學核心問題一直被哲學家們爭論不休。在日常生活中我們的確能夠區分夢境與現實，雖然夢境歷歷在目，我們看見了樣子、聽見了聲音、甚至有觸覺和味覺，但是這些性質的感知並不代表有一個真實的事物存在，夢境就是最好的例子。有些哲學家認為事物的性質或屬性並不能獨立存在，一定要依附於能夠獨立而實存者，亞里斯多德用「實體」稱呼這真正存在者，歷來哲學家對於實體有許多不同的看法；而另一種觀點則認為事物的共同特徵或抽象觀念，也就是「共

Metaphysics 的由來

亞里斯多德將其探討萬有原理的學問稱為第一哲學（first philosophy），但一開始只有筆記流傳而未成書。後人編纂亞氏全集時，把這部分的內容編在亞里斯多德的"Physics" 之後，因為「meta」這個字首有「在…之後」的意思，所以名之為"Metaphysics"。但是「meta」也有「超越」的意思，恰好符合此部分內容的精神，Metaphysics 反倒成為這門學問的名稱。中文則譯為「形上學」，這也是日本的西周所翻譯的。

相」，才是一種完美而真實的存在，柏拉圖的「理型論」就這麼主張。雖然答案莫衷一是，但存有論是許多大哲學家們不得不攀越的一座高山。

反對形上學的哲學家

許多形上學主張的基礎並不侷限於經驗，反過來說也不能用經驗證實。因此許多人認為哲學家的想法不過是玄虛之談，不僅如此，在哲學發展的過程中，許多哲人也主張形上學的謬誤。英國哲學家休姆就認為應該把空談的神學和形上學著作都燒光；二十世紀的邏輯實證論者則主張不能用經驗判斷真假的語句都是沒有意義的。形上學真的沒有意義嗎？形上學也是一個問題領域，而不只是一種特定的世界觀，用經驗世界或科學理論反對特定形上學主張者，也是一種對於形上學存有問題的回應嗎？

科學與形上學

	科學	形上學
研究方法	觀察、推論和實驗	理性思辨
研究對象	限於感官能觀察到的現象	不為經驗對象所限。科學領域中的許多預設，也是形上學思索反省的對象。
研究目的	找尋自然世界運作的原理	追尋存有的真相

觀察

蘋果從樹上掉下來

科學
追問自然世界的運作原理。
例如 發現萬有引力。

哲學
追問存在的真相。
例如 思索所看到的蘋果和樹是否真的存在？

神存在嗎？

哲學家追問世界的本質，更追問世界的目的與此生的意義。宗教信仰往往帶給我們目的與意義的終極解答。哲學家也想知道神存不存在，更重要的是祂跟人的關係究竟為何？

神是否存在？

信仰是人類生活中很重要的部分，但我們卻難以直接經驗到神，而需要透過經典、神像、故事、甚至是一些神祕的體驗。雖然許多宗教經典對世界的描述都被科學證明是錯誤的，但是對於神本身卻沒有辦法用科學說明，因為我們不可能對神做實驗，因此對於神所做的哲學思索就更顯得重要。有些信仰神的人也希望用理性的方法證明神的存在，不過世界上的宗教不只一種，對神的看法更是天差地遠，究竟哪一個神才是真神？抑或都是？我們又從何區別呢？

基督宗教中的神

不同宗教所引發出的哲學問題也不盡相同。以基督宗教中的上帝為例，祂被認為是這個世界的創造者，而且全知、全善、全能。神創造這個世界，那神是怎麼來的？神的出現可以不需要原因嗎？神是善的，那祂創造世界時為什麼要創造惡？ 如果祂是全能的，為什麼不能消滅惡？在末世審判後的天堂中，無腦症的可憐嬰兒，在天堂裡一樣無腦嗎？（那麼天堂對他有什麼意義？）或者神會給他一副腦子，但這麼一來他還是「原來的他」嗎？神會不會因為我們的不完美而在天堂裡改變我們，那我們還是原來的我們嗎？這一連串的問題相信不論你有沒有信仰，也都會有興趣想一想。

信仰與生命意義

陸游說「死去原知萬事空」，假設死後什麼都沒有，人的一生不過是在浩瀚宇宙裡一個小行星的地表上走來走去幾十年，然後在無垠的時間長河中就再也不會存在了，那麼人活這幾十年的意義又何在呢？許多宗教的末世審判或者是輪迴觀念，都使得今生只是一個過渡而已，我們盼望能藉由今生的努力，通過末世審判、或是讓下次的輪迴際遇可以更好、甚至是脫離輪迴。但是也有哲學家認為就算神存在，憑什麼說祂會幫助我們？就好像富人也不一定幫助窮人，人所要做的就是好好的把握今生，而不應把希望寄託在虛幻的來世。

如何知道神存不存在？

基督　　　　釋迦牟尼　　　聖母瑪麗亞

科學驗證

難題
神的超越性和永恆性，使科學難以驗證其存在。

↓

雖然人類不斷修正宗教所提供的知識與世界觀，但對於「神是否存在」的問題，科學能否回答？

付諸信仰

難題
如何分別「正信」與「迷信」？不同宗教信仰又應如何取捨？

↓

神蹟和教理是信仰憑藉的重心，但是神蹟或騙局如何區分？神棍在今日會受到司法審判，如果今天耶穌降臨，也行神蹟，會不會也受到司法審判呢？

對於神與宗教的
哲學反思

我知道什麼？

知識是人類不停追求的對象，除了各種學術知識以外，我們的所有行動也往往基於某種知識或認知。但知識是不是如我們所想的那麼理所當然？哲學家重新思索了知識這一回事。

知識與知識論

談到知識，似乎是專屬於學者的高深學理。不過哲學家在探討知識問題的時候並不限於這種學術知識，而是任何你知道的事。當然你可能知道要怎麼下圍棋、你的父母是誰，不過哲學家討論知識論時所關心的焦點，並不是特定能力的有無，或是對某個人的認識與否，而是「命題性知識」，也就是能夠用語句表達而且有理由可以證明的信念。像是「地球是太陽系的行星」、「人皆有死」、「現在這裡的氣溫是攝氏二十三度」。

經驗論和理性論

對於什麼是可靠的知識來源，在近代可以區分為兩大陣營—經驗論和理性論。主張經驗論的哲學家認為，一切的知識都來自後天的感官經驗，洛克就曾以白板來比喻人類心靈的本來狀態，透過生活中的感覺經驗，才能在白板上留下痕跡，人類也才能得到知識；不過理性論者認為知識應該是普遍而必然的，而感官所得到的經驗往往是錯誤而浮面，透過理性運作才能得到確定的知識。像是三角形的內角和不論三角形的大小、種類，也不論三角形位在什麼時空環境，我們可由幾何公理證出其內角和永遠都是一百八十度，即使與實際測量的結果有所出入，我們也不會因此而修正內角和的數值。經驗論和理性論的爭論構成了近代西方哲學的發展重心。

難纏的懷疑論

我們常會覺得沒受過教育的人沒知識，不過在知識論對知識的理解下，似乎不太可能有人沒有知識，因為不管有沒有受過教育，每個人都有他認為是真的信念。但是就是有些哲學家提出這樣的看法：我們其實什麼都不知道！持這種看法的思想家因為對知識有所懷疑，所以又被稱為「懷疑論者」。乍看之下，懷疑論是一種激進的論述，但是似乎對其主張又往往難以提出有力的反駁。試著想想下面這個問題：你要怎麼確定你所擁有的一切知識不是電腦製造的幻覺，你也不是被電腦所豢養在養料桶裡的人類？

經驗論與理性論

知識＝確定為真，而且有理由可以證明的信念。

經驗論

- 知識來自於後天的感官經驗。
- 心靈的本來狀態像一張白紙，沒有經驗就沒有知識。

知識類型

眼見為憑，一切都是後天感官所得，自然科學所秉持的就是一種經驗論。

代表學派

英國經驗論
例如：洛克、休姆

理性論

- 只有透過理性思考才能得到正確知識。
- 感官經驗往往出錯。知識應該是普遍而必然的。

知識類型

數學、演繹邏輯

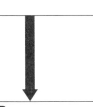

代表學派

歐陸理性論
例如：笛卡兒、萊布尼茲

心靈是怎麼一回事？

人有沒有心靈？美好時刻的心靈悸動、柳暗花明的靈光一閃，這都讓我們覺得心靈是一種獨特存在。但，心靈究竟是怎麼一回事？

靈魂和肉體

在許多神話和宗教的認知裡，人的肉體只是一個軀殼，重要的是裝在軀殼裡的靈魂。靈魂承載我們的性格、記憶、意識和許多其他的心理狀態，長久以來被認為是非物質的、比肉體更能代表我們的心靈，其本質究竟為何，也是一個困擾哲學家的問題。心靈和物質的分野可以導出三種不同的理論流派：心物二元論、唯心論、唯物論。二元論認為心靈和物質是兩種截然不同的存在；唯心論和唯物論則分別認為對方不是真的存在，只不過是自身的一種作用而已。

心物二元論所遭遇的問題

在心物問題上，心物二元論可能是多數人所抱持的看法：物質與心靈不是同一種東西，而且他們都存在。的確，只要你想想現下的意識活動，心靈的存在似乎不容置疑，而且這和物質是那麼地不同。不過隨之而來的問題是心靈和物質如何相互影響？心物可以直接產生互動是笛卡兒所持的看法；而萊布尼茲則以心物的和諧同步來解釋心物關係。但是在現代科學的研究之下，每一種心靈特質的發揮都需要大腦與神經系統的正常運作，這似乎使心靈的存在不能避免「奧坎剃刀」的消除；但認為心靈存在者，仍可主張心靈與肉體的互動本來就需要在雙方都正常的情況下進行。

心靈在哪裡？

現代醫學的研究成果顯示腦部某些區域受到傷害後，人的性情和記憶都會受到影響。這使得心靈的唯物論解釋似乎占了上風，神經科學、心理學和精神醫學在這個問題的解答上取代了傳統哲學。不過即使如此，唯物論的看法也導出了其他問題，既然心靈不過是物質的作用而不是什麼獨特的存在，人以外的生物也有心理狀態嗎？甚至屬於無生物的電腦可不可能也有意識？那麼對於心靈的探索，也是對人類自我的更深層認識。

奧坎剃刀

威廉奧坎是英國中世紀哲學家，他認為在其他因素都相同的情況下，若有兩組不同的假說，應該採取比較簡單的那一種，這種思想方法又被稱為奧坎剃刀。

心靈與物質

實體≠心靈

藉由我思故我在，我發現了我的真正屬性，我是一個思想物，一個心靈。

笛卡兒

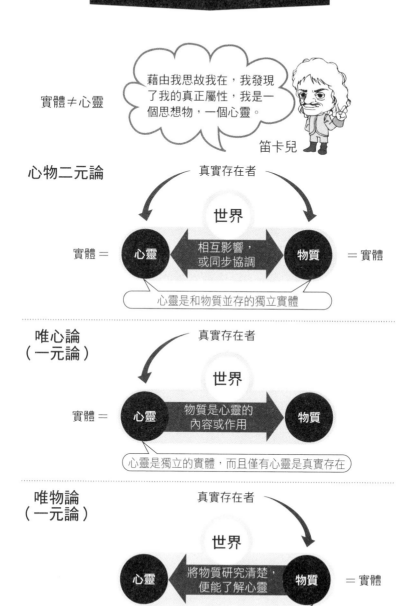

心物二元論

真實存在者

世界

實體＝心靈 ←相互影響，或同步協調→ 物質＝實體

心靈是和物質並存的獨立實體

唯心論（一元論）

真實存在者

世界

實體＝心靈 → 物質是心靈的內容或作用 → 物質

心靈是獨立的實體，而且僅有心靈是真實存在

唯物論（一元論）

真實存在者

世界

心靈 ← 將物質研究清楚，便能了解心靈 ← 物質＝實體

心靈不是實體，而是物質的作用或功能

意志自由與決定論的弔詭

「我自己能決定我要做什麼」應該是再清楚不過的，這想法被稱為意志自由。「事出必有因」也是一個容易懂的道理，哪有一件事是沒有原因的呢？但是哲學家卻要問問這兩個想法都沒有問題嗎？或者，他們不衝突嗎？

什麼是意志自由？

翻開憲法我們可以看到各式各樣的自由，自由是現代法治社會所保障的權利。從另一個觀點看，也正是因為自由可能會被外力限制而喪失，所以需要法律來保障。不過因為外力只能影響可見的行為，所以對並非形於外的意志而言，似乎怎麼樣也不可能失去自由。表面上被搶匪拿刀架在脖子上的人好像沒有自由的餘地，但是搶匪不可能讓被搶的人不要害怕或是不要恨他，因為他不可能控制意志。人類意志的自由，是許多人的共通信念。

因果律和決定論

如果有一天你的車子發不動，車廠的維修技師卻告訴你車一切正常，不過就是沒辦法發動，你會怎麼想？如果車子的零件都正常、油箱也是滿的，那麼就不應該發不動車；如果車子發不動，那麼就一定是哪裡出了問題。這樣的因果律不但是每個人日常生活所依據的準則，自然科學也是建立在因果律之上，而佛家所謂的「業報」，更是一種道德上的因果律。因果律的世界觀又被哲學家稱為決定論，也就是所有的事物都可以找到因果連結，所以這個世界會是現在這個樣子，都是被之前的原因所決定的。

意志自由和決定論的矛盾

根據決定論的看法，你在此時此刻看這本書，是早就被決定的……這就有點怪怪的了。你要不要看這本書，明明是你自己決定的，但是根據決定論，你的決定也是被其他因素所決定的。換句話說，你感覺自己在做決定只是一廂情願罷了。這裡跟另一個基本信念起了衝突，就是意志自由。另一方面，國家以刑法處罰犯人的基礎，是因為犯罪是犯罪人自己的決定。如果我們說其實犯人不可能自己決定不要犯罪，那麼國家還能處罰犯人嗎？有人認為這個問題很簡單，就說處罰犯人也是被決定的不就好了？但是我不也可以說不要處罰犯人，因為這也是被決定的。你怎麼看待這些衝突？

意志自由與決定論

決定論

●：代表個別事物

（因）➜（果）：代表因果關係

⋯⋯➤（果）　（因）⟶（果）　（因）⟶（果）　（因）⋯⋯➤

> 不知起因於何時且
> 無止盡的因果鎖鏈

意志自由

✖️➤（果）意志（因）⟶（果）　（因）⟶（果）　（因）⟶

> 意志是因果鎖鏈的例外，
> 意志不受其他事物決定

因果論的哲學問題

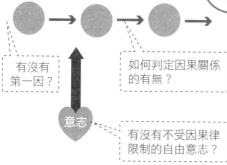

> 有沒有
> 第一因？

> 如何判定因果關係
> 的有無？

意志

> 有沒有不受因果律
> 限制的自由意志？

> 雖然自然科學可說是建立在因果律上，但是二十世紀的量子力學所帶來的機率世界觀卻挑戰了蘊含決定論的古典力學，量子力學意味著因果律的例外嗎？

PART2　哲學家都想些什麼問題？

33

什麼時候能說我做的是對的？

講到道德，大家一定會想到很多教條式的口號或是一些保守的想法，但是其實每個人或多或少都有自己做人處世的堅持和判斷對錯的標準，而且往往大家的意見各不相同。哲學家們致力於釐清善惡的內容，以及思索何謂道德和幸福人生？

當小孩掉到井裡……

孟子曾經設想過一個情況來說明人都有仁愛之心──「乍見孺子將入於井」，他認為每個人在這樣的危急時刻都會「怵惕惻隱」（驚懼和深切傷痛）。孟子認為會有這樣的心理反應並非出於什麼算計、或是因為跟小朋友的父母有什麼交情，而是自然而然。要是你呢？你可能會認為這是應該的嘛！這個「應該要如何如何」的想法，也是哲學家們感興趣的問題。而專門思考道德對錯的學問則被稱為道德哲學、或者倫理學。

道德與道德哲學

關於怎麼做才對的問題，其實傳統價值觀已經提供許多應然判斷的標準；法律以國家的強制力來實行規範，而許多宗教也有許多道德誡命，像是基督宗教的十誡、佛家說的不可殺生等等。那道德哲學和上面幾種道德標準有何不同呢？道德哲學家們在面對既有的道德標準時，不僅只是選擇接受或不接受，而是對既有道德看法秉持一種反思的態度，進而提出一套理論來面對道德難題。或者這麼說，道德哲學不僅關心道德之其然，更關心道德之其所以然。

義務論與結果論

像在孟子所設想的情況中，哲學家就會思索之所以「應該」救這個小朋友的「理由」是什麼？或者如果掉進井裡的是一個陌生人和你的愛犬，應該先救誰？甚至掉進井裡的是一個大惡人！這時候又該怎麼做才是「對」的？我們的判斷標準又是什麼？道德哲學家對道德也有許多不同的看法。其中兩個主要的道德理論是「義務論」和「結果論」：義務論者認為有些行為有其獨特的道德價值（像是不可殺人、不可說謊），其本身一定是對的，或者出於善目的的行為都是道德的；結果論者則認為判斷人的行為是否符合道德，端視行為結果的好壞。這兩個理論單獨看來都很

應然與實然

對錯善惡的判斷又叫做「應然判斷」、「道德判斷」，和單純描述事實的「實然判斷」相對。處理對象的應然與實然之別是道德哲學與其他學問最主要的不同。

合理，在實際事例的適用上卻往往有天差地遠的結局。你可以想想你自己的道德信念是哪一種？上面的幾個問題你所選擇的答案又是什麼？

道德與幸福人生

因為關心道德之其所以然，所以道德哲學家並不著眼在個別行為的對錯，而是想知道究竟「善」是什麼？「善的行為」又是指什麼？這些道德根本問題的討論，其實很快的會讓我們想到一個更深刻的問題。當我們評價一個人的好壞，泰半就是基於他的想法和所作所為。而人的一生可以看作是無數的個別想法和行為的加總，那麼思索什麼是行為的善惡對錯，其實也可以看成是追問人到底應該怎麼活。過得「幸福」是最通俗的答案，那麼哲學家們也想知道，什麼才是幸福的生活？道德和幸福的關係又是什麼？我不曉得你是不是也很珍惜這難得一次的生命，是不是也想有一個幸福人生？如果答案是肯定的，那你覺得你又應該怎麼活才能活得幸福呢？

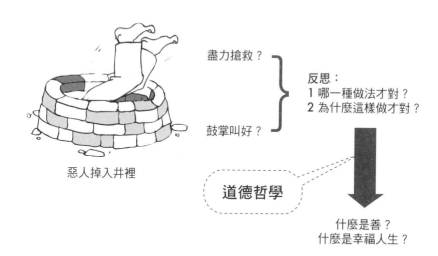

你的反應會是？

盡力搶救？

鼓掌叫好？

反思：
1 哪一種做法才對？
2 為什麼這樣做才對？

惡人掉入井裡

道德哲學

什麼是善？
什麼是幸福人生？

正義的追求

相信「實現正義」是每個人都欲求的目標，但真要說到什麼是「正義」卻總又莫衷一是。亞里斯多德曾為正義下過一個定義：「每個人得到其應得的部分。」但是什麼又是每個人應得的部分呢？

從法律與正義談起

有些哲學問題多數人從來不曾想過，也難以體會其重要性，然而有些問題不僅大多數人都很關注，並且可能還有一套自己的想法。正義問題就是屬於後者。提到正義二字，一般都會聯想到法律。因為法律長久以來被視為就是要實現正義：違反法律者被判罪科刑，無罪則當然開釋。這種正義觀被稱為「矯正正義」，也就是將不正義的狀況，藉由懲罰等等手段加以矯正。不過如果細想這個說法，可能會有兩個疑問。一、什麼是不正義的情況？二、什麼樣的懲罰才是適當的、正義的矯正手段？

西瓜怎麼分

除了矯正正義之外，還有一種正義，叫做「分配正義」，也就是根據一定的標準將財物、工作機會等利益妥適地分配給團體的成員。這種正義觀牽涉的是公平、平等的問題。假設有七個人在荒野一同生活，有一天他們發現了一個大西瓜，他們決定要把這個大西瓜分了，那麼要怎麼分才公平呢？這不是個容易回答的問題，因為可能依據不同的情況會有不同的答案，不過吃不到西瓜聽來也不是頂

嚴重。你可以試著思考另一個嚴肅的問題：如果你是一九七〇年美國西雅圖腎臟移植中心委員會的委員長，這時候洗腎的技術還非常昂貴而稀有，而你的任務是決定誰能接受洗腎，而沒有中選的腎臟病患者形同被宣告死刑。假設病患中有總統、教授、服刑中的罪犯、老人、嬰兒和你的親人，但一年只能有兩個洗腎名額。以正義之名，你會怎麼決定？

從分西瓜看程序正義

其實分西瓜或切蛋糕是最常被用來說明程序正義的例子，不過在哲學家的分類下，程序正義有兩種形式：純粹的和不純粹的。後者是指我們知道什麼是正義的結果，也知道實現這個結果的程序─像是我們如果已經同意平分是最公平的，實現的程序則是讓最後拿的人來切（因為他要最後拿，所以一定會想辦法切得盡可能一樣大）。而純粹的程序正義則是指我們不知道什麼是正義的結果，但是可以用一個程序來得到正義的結果─像是抽籤。雖然抽籤以前不曉得究竟是誰吃得到，但抽籤以後不管結果是誰，大家都會同意這是公平的。如果把程序正義的構想用在解決洗腎名額

的決定上，你覺得適當嗎？

法學家的程序正義

其實在法學上也談程序正義，不過內容大不相同。法學上的程序正義與實質正義相對，實質正義就是前面提過的矯正正義。把罪犯抓起來判刑，是藉由法律實現矯正正義的方式，但在法律程序的過程中，卻另有違反正義的可能，像是嚴刑逼供，在中外的歷史上都曾經大量的被使用，這樣的做法本身有一個弔詭之處—尚未經由法院判刑的嫌犯卻已經遭到刑罰。一來這樣的刑罰沒有法院的判決做為其正當性的基礎、二來要是嫌犯事實上是無辜的，那更是平白蒙受不必要的痛苦。因此現代的法學家都認為在刑事程序中應該要保護嫌犯的人權，一切逼供手段都被禁止，以免用不正義的手段來取得正義的結果。這樣的理念後來演變成為證據不能以非法手段取得，否則不能做為證據。換句話說，你明明已經有證據證明某人有罪，但是因為證據取得違法而不算數。你怎麼看待程序正義和實質正義的問題呢？

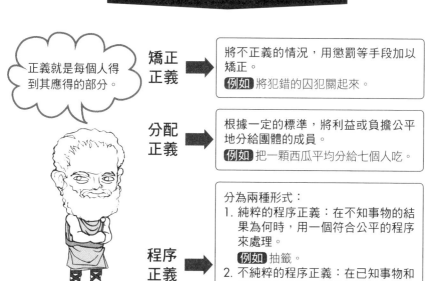

何謂正義？

正義就是每個人得到其應得的部分。

矯正正義 → 將不正義的情況，用懲罰等手段加以矯正。
例如 將犯錯的囚犯關起來。

分配正義 → 根據一定的標準，將利益或負擔公平地分給團體的成員。
例如 把一顆西瓜平均分給七個人吃。

程序正義 → 分為兩種形式：
1. 純粹的程序正義：在不知事物的結果為何時，用一個符合公平的程序來處理。
   例如 抽籤。
2. 不純粹的程序正義：在已知事物和程序的結果時，同意用公平的方式來處理。
   例如 西瓜平分給七個人，由最後拿的人來切，以期盡量做到公平。

亞里斯多德

感動的時刻─美

你一定也有這樣的時刻─也許是自然壯麗的景象、一幅打動心坎的畫作、一段音樂、一個迷人的女孩─讓人不禁自心底呼喊：「好美！」但，美是什麼？

對美感經驗的分析

跟倫理學中的道德感一樣，美感似乎也是一種人類與生俱來的能力。人們對於美好事物有直接而具體的感受，哲學家則試圖說清楚美感體驗的內涵。亞里斯多德曾以「著迷」來描述被美好事物吸引的心理狀態，他也認為雖然美感經驗源於感官刺激，但動物有更敏銳的感官，卻沒有體驗美感的能力，所以美感不完全繫於感官。康德則指出美感是一種無利害關係的美好體驗，因為其他時候我們的快感往往都伴隨著利害關係的算計，唯有美感能夠擺脫官能和理性的宰制，純粹為了美本身而感動。

主觀的，還是客觀的？

美感雖然人人皆有，但是對於美的認定有所差異，也是日常生活中常有的經驗。美究竟是主觀或是客觀的，在哲學史上也每每引起爭論。若是仔細分析美的事物，不難發現秩序和和諧常會觸發美感，不論是協調的五官、整齊的幾何圖形都會讓人覺得賞心悅目。畢達哥拉斯和柏拉圖就認為和諧、比例都是美的客觀基礎。另一方面，約與蘇格拉底同時的智者普羅泰戈拉斯，則認為「人是萬物的尺度」，沒有一種比例天生是美的，可能由於個人的好惡、觀念的聯想、生活的體驗有所差異，而會有不同的美醜觀念。

藝術創作和美

人類除了對自然事物，對於人類自己所創作的藝術作品也會引發美感。但藝術跟美的關係又是什麼？其實藝術作品並不一定是美的，尤其是現代的作品多注重在觀念的傳遞，藝術作品甚至可能是讓人不舒服的醜惡事物；喜劇和悲劇能夠引發人的不同情緒和想法，但也不一定稱得上美。不過從梵谷的畫作生前不受重視，在他死後卻大放異彩看來，一件藝術作品不但本身需要具備一定的水準，更重要的是遇到有審美能力、懂得欣賞的人，作品的藝術價值才能呈顯。美究竟是怎麼一回事，在讚嘆之餘，也值得我們思索。

美是什麼？

美感＝著迷、無利
害關係的美好體驗

亞里斯多德　　康德

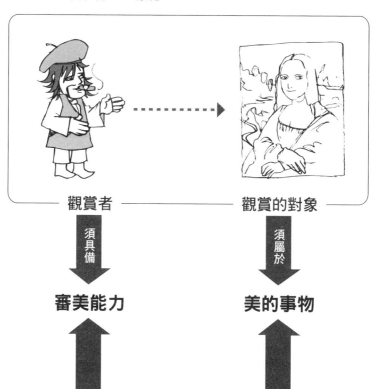

觀賞者　　　　　　　觀賞的對象

須具備　　　　　　　須屬於

審美能力　　　　**美的事物**

審美能力是天生的才能嗎？
還是可以透過後天培養？

「美」有無共通的
普世標準呢？

3

旅遊必備良方
哲學家們怎麼想問題？

我們已經看了一些哲學家們感興趣的哲學問題，相信其中有些問題一定也吸引了你的興趣。如果哲學家只是對這些問題有些看法，那麼充其量也只是一種意見而已。雖然我們也思索哲學問題，哲學家的想法和我們的想法又有什麼不同呢？最簡單的答案是，哲學家總是說出了一點道理。當然，很多時候不只是一點，而是一大串。我們也許還沒有能力，或許我們沒有那麼多時間想那麼多道理。但是我們可以花一點時間，看看哲學家們說道理的功夫。

學習重點

- 思維有沒有基本的律則？
- 哲學家也需要做實驗嗎？
- 如何不被蒙蔽而接近真理？
- 什麼是邏輯，什麼又是論證？
- 哲學家如何推理？
- 什麼是辯證法？
- 如何避免思想的謬誤？

在驚異之後講道理

哲學起於驚異，但哲學家之所以成為哲學家可不是單純因為嚇了一跳。事實上很多哲學問題可能也曾出現在我們的腦海，但是我們卻沒有變成哲學家。所以關鍵似乎是在於驚異之後……

從講道理開始

　　哲學問題不像是艱深的數學問題，讓我們根本束手無策；也不像是一般我們沒學習過的知識，只要去找相關的書總能找出一個答案來，不過對於哲學問題每個人或多或少都會有些想法。那麼當我們碰上哲學問題，又應該要怎麼去處理呢？每個哲學家面對哲學問題的解決方法都大不相同，因此才有那麼多的哲學流派，不過如果要說有什麼共通點的話，那就是「講道理」。

思想的基本規律

　　「講道理」說來容易，但是卻也很抽象，那麼思考有沒有什麼基本規律呢？其實思考和推理本身就是一門學問─邏輯學，亞里斯多德曾經提出了三條思維的基本規則，做為邏輯的基礎：同一律、不矛盾律、排中律。同一律要求在思想過程中，每一個主張都必須保持確定和前後一致；不矛盾律要求思想過程中不能自我矛盾；排中律則要求對每一個主張只能抱持肯定或否定，不能有中間的第三種選擇。這三個規則看來簡單，但是看看每天在報章媒體上高談闊論的大人物，是不是都遵守了這些規律呢？

思想實驗

　　科學家以觀察和實驗做為主要的研究方法，不過有些理論物理學家也會構想合乎邏輯的事物作用過程，以思維進行「思想實驗」，哲學家也經常運用這個方法，以假想的情境說明自己的主張。一位美國哲學家瑟爾就以「華語房間」駁斥電腦擁有心靈的主張。他設想有一個不懂中文的美國人在房間裡，人們把用中文寫的問題紙條遞進房間，房裡有一本可以查閱對應答案的手冊，他在依樣畫葫蘆後遞出了正確的中文答案。從結果來看房裡的仁兄似乎懂中文，但其實他只是描出中文的樣子。而電腦程式就像那本對應手冊，程式的運作就像根據手冊翻查和描寫，如同華語房間中的外國人仍然不懂中文，電腦也不知道它所執行的程式在做些什麼，我們能說完全不知道自己在做什麼的東西有心靈嗎？

邏輯的基本規律

	同一律	矛盾律 （或不矛盾律）	排中律
內涵	A = A	「A與非A」必然為假	「A與非A」必然為真
意義	同一個思想過程中，每個主張都必須確定與前後一致。	同一個思想過程中，兩個矛盾的主張必定有一個是假的。	同一個思想過程中，兩個矛盾的主張必定有一個是真的。
例子	參加辯論的雙方，對其所使用的概念都必須有明確的涵義，而不容混指若干事物。	事物不可能同時存在又不存在。	「現在外頭下雨或是沒下雨」這個命題必然為真，而且兩種情況必然只有一種成立，而沒有第三種可能。

研究那些在數學上稱為公理的真理，和研究實體都是哲學家的工作，因為這些真理是適用於一切存在的。

如何不被蒙蔽？

「心不使焉，則白黑在前而目不見；擂鼓在側而耳不聞。」─《荀子》〈解蔽〉
（如果不用心，即使眼前是黑白分明的東西也會視而不見；身旁有敲鑼打鼓的聲音也會聽而不聞。）

冷靜的思考

我們在思考的時候，總是希望可以經由正確的推理，得到正確的答案。不過除了邏輯推理之外，其實人本身的因素是非常重要的。前面說到不同哲學流派的共通點是講道理，說來簡單，但在吵架的時候，往往雙方也都認為自己在講道理。如果只顧及邏輯，卻沒有一顆冷靜的心，推理可能只是用在相互爭吵的口水戰上；另一方面，要是心不能沉靜，思想也難以清明，不要說是深奧的哲學問題，心不在焉的時候連最簡單的算數都可能出錯。

將遮蔽者解開

德國哲學家海德格認為「真理」的原義是解除隱蔽，讓真相把自己呈現出來；而荀子則說：「凡人之患，蔽於一曲，而闇於大理。」（一般人所犯的錯誤，是蒙蔽於一偏之見而不能認識正大之理。）中西兩位大哲都認為要探求真理重要的是去除隱蔽。在《荀子》〈解蔽篇〉中，荀子對於其他思想家，也從其各有所蔽的觀點提出這樣的評語：「墨子蔽於用而不知文、宋子蔽於欲而不知得、慎子蔽於法而不知賢、申子蔽於勢而不知知、惠子蔽於辭而不知實、莊子蔽於天而不知人。」如何不讓部分的觀點隱蔽了對事物全面而且正確的理解，是思考問題時需要再三注意的地方。

「虛壹而靜」的工夫

荀子在〈解蔽篇〉中不只談了許多蔽塞的壞處，更重要的是他提供了一個解除蔽塞的方法。簡單的說，荀子認為應該要讓心保持在一個大清明的狀態，才能夠「坐於室而見四海、處於今而論久遠、疏觀萬物而知其情、參稽治亂而通其度」。如何讓心能夠大清明呢？荀子的方法是「虛壹而靜」：「虛」指的是不要蔽於成見而阻礙新知的獲得，保持虛心接納；「壹」是對於相異的事物，不要蔽於其中一端而無視其他；「靜」則是保持頭腦清醒，不要讓煩囂擾亂心智。荀子說「虛壹而靜，謂之大清明」，保持一顆清明的心是思考問題時所不可或缺的。

如何保持清明的心？

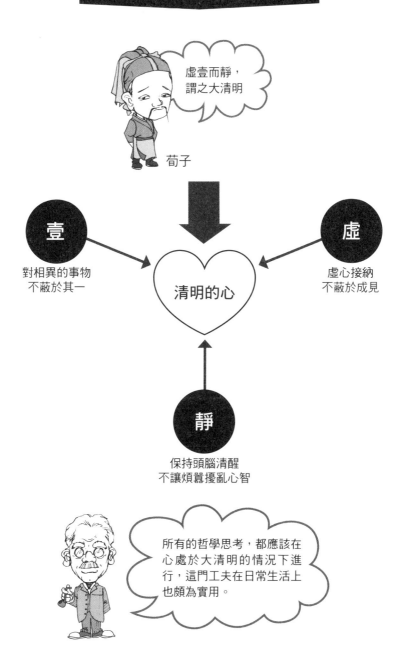

虛壹而靜，
謂之大清明

荀子

壹
對相異的事物
不蔽於其一

清明的心

虛
虛心接納
不蔽於成見

靜
保持頭腦清醒
不讓煩囂擾亂心智

所有的哲學思考，都應該在
心處大清明的情況下進
行，這門工夫在日常生活上
也頗為實用。

邏輯推理

「邏輯」是許多哲學家的思想武器，它讓我們可以從形式上判別推理的好壞。哲學的其他領域可能不被人了解或者重視，但從亞里斯多德將邏輯學看成是思維工具和知識基礎以來，沒人敢忽視邏輯對所有知識的重要性。

邏輯究竟是什麼？

　　思考人人都會，問題在於如何正確的思考，或者如何避免錯誤的思考。「邏輯」就是一門不關心思考的內容，而是研究思考推理形式的學問。如果我們要主張某個看法是真的，必定會提出一些理由和根據來支持這個看法，邏輯上稱這些理據為「前提」，理據所支持的主張則是「結論」，前提和結論所組成的整個說理過程，就稱為一個「論證」。論證的前提和結論都是由命題所構成，當前提都成立時結論也必然成立的論證，就是一個正確有效的演繹推理，又被稱為「有效論證」，邏輯所研究的就是如何正確推理，也就是研究有效論證的學問。

邏輯的形式性

　　一個有效的演繹論證可以從前提的真來保證結論的真，而無效論證中即使前提都真，結論也不見得為真。而最常被提到的有效論證之一是三段論。如果我們用英文字母代表命題，三段論可以寫成「若P則Q（前提一）、P（前提二），所以Q（結論）」。論證的有效無效是從形式上來判斷的，只要一個論證符合有效論證的形式，不管論證的實質內容是什麼，都會有有效論證。比方說「若豬是魚類則豬會飛（前提一）、豬是魚類（前提二），所以豬會飛（結論）」，雖然這個論證的前提和結論都是假的，但是我們卻可以由前提推論出結論，也就是「如果」前提皆真，結論必真，所以仍是一個有效論證。

命題

命題就是有真假之分的直述句，像是「今天台北下雨」、「羅斯福是台北市長」、「四角形有五個邊」等語句。而真假的判別，就是看句子所描述的情況是不是與事實相符。

妥當論證

在豬會飛的論證例子裡，也許會讓人疑惑，有效論證的確可以在形式上判別推論的正確性，但是豬會飛這種推理好像也沒什麼用，尤其這個論證的前提都是假的！邏輯學家在有效論證上再添加一個條件—論證中的每一個前提都是真的，稱之為妥當論證（或健全論證）。

論證的方式與種類

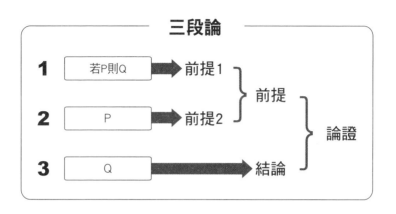

三段論

1	若P則Q	→	前提1 ⎫
2	P	→	前提2 ⎭ 前提
3	Q	→	結論 論證

有效論證 →

前提若真，結論必然真
例如 若豬是魚則豬會飛
豬是魚
所以豬會飛

妥當論證
（或稱健全論證）
→

為有效論證的一種，前提皆真
例如 今晚小明吃的是漢堡，或是雞腿
小明今晚沒有吃漢堡
所以小明今晚吃的是雞腿

無效論證 →

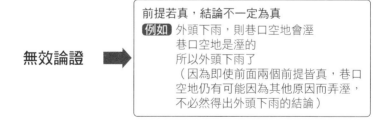

前提若真，結論不一定為真
例如 外頭下雨，則巷口空地會溼
巷口空地是溼的
所以外頭下雨了
（因為即使前面兩個前提皆真，巷口
空地仍有可能因為其他原因而弄溼，
不必然得出外頭下雨的結論）

歸納論證

除了前提皆真時結論必然亦真的演繹邏輯之外，還有另一種論證型式，雖然並不能在前提皆真時保證結論必然為真，但這種看來貌不驚人的論證，卻是從個別知識獲取普遍知識所憑藉的思維工具。

從個別到普遍

我們藉由感官認識到外界的事物，如此獲得的知識往往都是個別而零散的。比方說現在的氣溫多少、桌上的檸檬是酸的、昨天太陽從東邊升起等等。但如果只有個別知識，我們並沒有辦法對未來做出預測，知識的力量也要大打折扣。我們甚至無法回答明天的太陽是否會從東邊升起，因為我們還沒有對於明天太陽的經驗！對未來的預測需要普遍性、通則性的知識，讓我們即使沒有真的去嚐蘋果，也會知道它的味道。普遍知識的建立並不是僅靠感官經驗，還要仰賴歸納論證。比方說過去存在的人都已經死亡，我們把這個現象做為論證的前提，並且主張「所有的人都會死」。歸納論證讓我們突破個別事例的限制，從中推論出具有普遍性的結論。

歸納論證的強弱

歸納論證的運用雖然可以讓我們獲得普遍性的知識，但是這種論證卻不是一種有效論證，因為即使論證中的前提都是真的也不能保證結論為真的正確性。不過雖然歸納論證並非像演繹論證區分為有效、無效（因為歸納論證都是無效論證），但是在前提對結論支持的程度上卻有強弱之分。在歸納論證的論述中，最重要的一點就是做為前提的個別事例，其數量要多、範圍要廣，前提對結論的支持才會強。如果住在台灣的某甲只有一兩個美國朋友，某乙則是長住美國，交友廣闊，兩個人都根據生活經驗歸納出美國人都很好客的結論，雖然他們的結論並不必然正確，但是某乙的說法顯然比較有說服力。事實上，我們可以將科學定律所蘊含的真理看作是一種很強的歸納論述。

精通歸納法的雞

英國哲學家羅素曾說過這樣一個故事。有隻精通歸納法的雞，牠發現當主人出現時，總是會出現一堆穀物，每天如是。於是牠歸納出主人出現就有東西吃的定律。某天，主人又出現在雞舍，牠一如往常地引頸以待，但這回牠上了主人的餐桌。

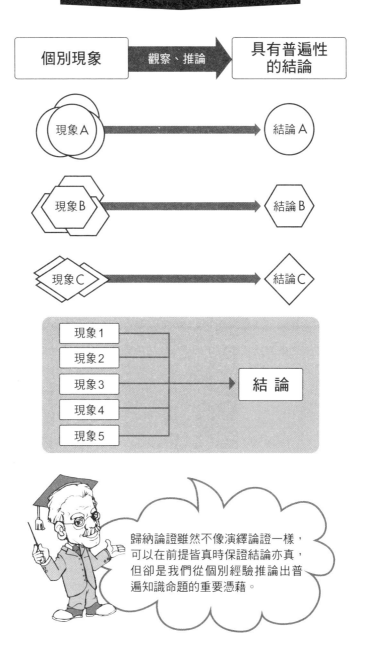

歸納論證法

個別現象 —— 觀察、推論 —→ 具有普遍性的結論

現象A —→ 結論A

現象B —→ 結論B

現象C —→ 結論C

現象1
現象2
現象3 —→ 結 論
現象4
現象5

歸納論證雖然不像演繹論證一樣，
可以在前提皆真時保證結論亦真，
但卻是我們從個別經驗推論出普
遍知識命題的重要憑藉。

辯證法

我們常聽到「事物辯證的發展」，或是我們應該要「辯證地」看待事物。「辯證」兩個字聽來玄虛難解，如果說話的人不是在賣弄文辭，那麼辯證或辯證法究竟是什麼？

「辯證」是怎麼回事呢？

　　「辯證」是許多談論思想的書籍中常見的字眼，但是辯證並不僅僅是辯論、也不等於論證。辯證究竟是怎麼一回事呢？從字面上看辯證，是指以論辯來證明。而辯證的西方字源則是出自希臘文的 $\delta\iota\alpha\lambda\varepsilon\gamma\varepsilon\iota\nu$（dialegein），意思是論證或談論，和中文翻譯的字面涵義相去不遠。希臘時期的思想家們談到辯證，通常指的是為某一結論而論辯，或是以論證來建立自己的主張，後來慢慢形成了透過問與答來進行的一種論證形式或技術。而當時使用這種辯證法最為有名的希臘思想家，就是蘇格拉底。

辯證法─蘇格拉底的助產術

　　蘇格拉底是希臘時代的一位偉大思想家，他認為自己一無所知，所以總是抱持著學習的精神跟別人對話請益，但是一旦這麼無止盡的問下去，被問的對象往往發現自己好像也不是很懂。蘇格拉底將辯證法的運用比喻為助產術或者接生術，因為他認為辯證法是幫助他人在自己心中產生正確觀念的方法。蘇格拉底總是站在街頭與人對話，向別人請教對某些事物的看法（像什麼是「正義」、「勇敢」等問題），當別人提出己見、夸夸而談，蘇格拉底就根據對方所提出的說法、或者提出問題、或者指出在實際事例的矛盾和困難之處，使對方在對話中不斷的修正原先的定義，獲得更恰當的觀念。通過對話和理性思辨，從日常的個別事物中獲取普遍定義和正確觀念，是從事哲學問題思考時相當實用的方法。

繼承家業的蘇格拉底

蘇格拉底的父親是雕刻匠，而母親則是一位接生婆。蘇格拉底年輕的時候也跟父親做過雕刻，後來在市集與人辯論的蘇格拉底，雖然看來和接生無關，不過他卻這麼形容自己：「我雖無知，卻能幫助別人獲得知識，如同我的母親是一個產婆，雖年老不能生育，但能接生一樣。」

蘇格拉底的辯證法

獲取事物的普遍定義或正確觀念

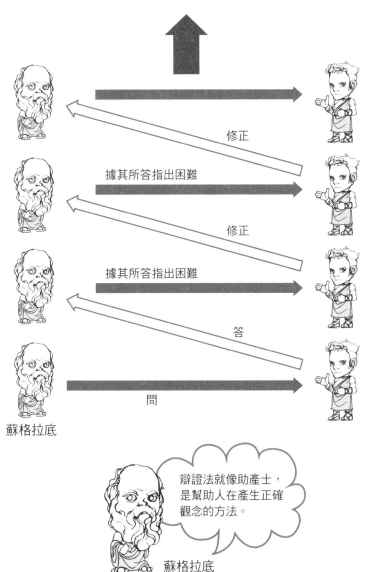

修正

據其所答指出困難

修正

據其所答指出困難

答

問

蘇格拉底

> 辯證法就像助產士，是幫助人在產生正確觀念的方法。

蘇格拉底

黑格爾的辯證法

其實辯證在不同哲學家的思想當中，都各自有不同的意涵，但是做為一種思考方法，在蘇格拉底之外，更為有名的應該算是德國哲學家黑格爾的辯證法。黑格爾將辯證法做為他哲學體系的核心法則，而辯證的意涵不再是蘇格拉底式的對話辯證，而是指一種不斷變化運動的揚棄過程。「揚棄」（Aufhebung）在德語裡的意思包括「取消」、「保留」和「提昇」三個部分。黑格爾辯證法本身和其所運用的過程都非常抽象，不過一般用「正、反、合」的說法（事實上這樣主張的是另一位德國哲學家費希特）所做的簡化，倒是提供了一個簡單的了解途徑。

正、反、合

「正」與「反」本來是矛盾的概念，在亞里斯多德的不矛盾律和排中律之下，只能有一個是正確的。黑格爾並非否認亞里斯多德的思想規律，而是認為往往一個概念（「正」）中也包含著其否定的概念（「反」），而對立矛盾的正反概念則需要一個能夠包含兩者的更高層次的概念（「合」）來解決這個衝突。這個更高層次的概念本身也包含著自己的矛盾，驅使概念不斷發展提昇，邁向一個能夠包括所有片面概念的、理想而完全的真理體系。黑格爾的辯證法是否成立，在哲學上也是個大問題，但是他的辯證思想卻給我們一項啟發：一組矛盾對立的概念或主張，不見得一定要排除任何一方，更好的做法可能是能夠包含兩者的綜合。事實上這也告訴我們，對話和討論不見得就是駁倒和否定，更重要的是尋找雙方都能接受的解決方案。

不要濫用辯證法！

黑格爾的辯證法可說是最為有名、也最容易被誤用的辯證法，像是隨便找些例子，就當作是例證；或是把事物的變化通通說成是辯證發展。其實思考方法最重要的是能夠幫助我們做出正確的推理，介紹黑格爾辯證法並非是要大家拿著正、反、合四處亂套，或是胡亂猜測事物的發展，而是藉以啟發我們更開闊的思想心胸。

黑格爾的正反合辯證法

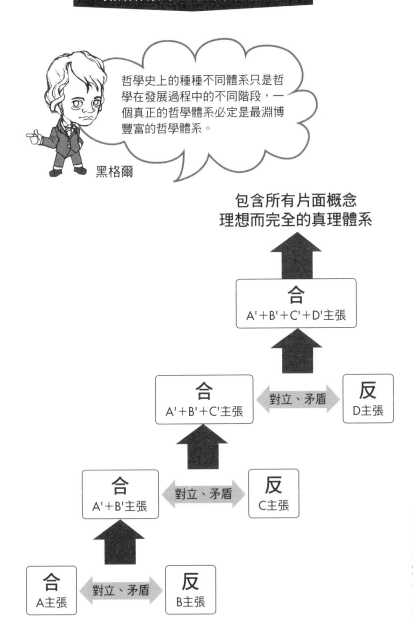

哲學史上的種種不同體系只是哲學在發展過程中的不同階段，一個真正的哲學體系必定是最淵博豐富的哲學體系。

黑格爾

包含所有片面概念
理想而完全的真理體系

合
A'＋B'＋C'＋D'主張

對立、矛盾

反
D主張

合
A'＋B'＋C'主張

對立、矛盾

反
C主張

合
A'＋B'主張

對立、矛盾

反
B主張

合
A主張

對立、矛盾

反
B主張

幾種思考上習焉不察的錯誤

有時候乍聽言之成理的主張，如果仔細推敲，不難發現這些持之有故的說法不過是加上了一層看似理性的偽裝。你也可以想想自己在思考時是否也犯了這些錯誤。

似是而非的推理

邏輯推理很重要的目的，是要從形式上把錯誤的推論排除，因為邏輯是從形式上分析推理的結構，如果一個人的主張從推論形式上看是無效論證，我們稱之為「形式謬誤」；但如果推理思考的問題並不在於推論形式，則被稱為「非形式謬誤」。非形式謬誤往往乍看之下也讓人覺得言之成理，但其實大有問題。這些推論上的錯誤可不是只出現在哲學問題的處理上，在其他知識領域，甚至日常生活中都層出不窮。非形式謬誤的種類很多，邏輯學家的分類也各不相同，這邊只選取部分做深入的介紹。

循環論證

對邏輯推理的探討讓我們可以單單從說理的形式，判斷說理的過程是不是有問題。但有時即使是有效論證也不見得是一個好的說理，甚至還可能是有問題的說理，其中最常見的就是循環論證。有效的論證形式只要求不能有前提真而結論假的情況，所以當前提和結論都是同一個命題時，當然也是一個有效論證（因為前提和結論是同一命題，所以前提真時結論也必然真）。但是這個論證並沒有對結論的達成提供什麼進一步的說理，反倒像是純抬槓─因為在提供推論理由時，循環論證只是把結論再重複一次，這是一種典型的非形式謬誤，比方下面這個論證：殺人者死是應該的，因為殺人者就應該被處死。

人身攻擊的謬誤

在討論的過程中，有些人會避開問題本身不談，藉由攻擊他人的人格問題，藉以否定他人的主張，這就是一種人身攻擊的謬誤。一個主張能否成立應該就事論事，但是一旦人身攻擊出現，讓人很容易把對人的不滿轉移到他所提出的論點上，這時候所需要的就不是邏輯分析的工具，而是荀子的「虛壹而靜」的工夫。其實當我們不接受一個主張，如果只是因為主張提出者的德行問題，或是因為其所處的環境、職位而認為該主張不可信，即使沒有人真的對主張者的人格提出攻擊，但這也屬於人身攻擊謬誤的一種。孔子說「不以人廢言」，在進行論辯時應該要謹記在心。

訴諸群眾

「根據統計顯示，超過百分之八十的民眾都使用『有夠白洗衣粉』，可見『有夠白』是市面上最好的洗衣粉！」這樣的廣告詞常常出現在我們的生活之中，「大家都這麼認為」也往往是我們接受一個說法的理由。表面上這樣的講法也算合理，東西好才有人用，最多人用的自然最好。不過問題就出在這裡，你可以想想，你所使用的東西都是「最好」的嗎？有許多原因影響我們的選擇，如果調查顯示最多人吃的麵食種類是速食麵，你會認為速食麵是麵食中最好的嗎？知識和真理的追求是「質」而不是「量」的問題，大家都認為地球是宇宙中心的年代，地球也沒有真的因而成為宇宙中心。「大家都認為」的確是個引人注目的現象，不過更重要的可能是大家「為什麼」這麼認為。

訴諸錯誤的權威

「根據諾貝爾獎物理學獎得主表示，學齡前的兒童適合學習外語，而且學愈多種效果愈好，所以幼稚園應該多教幾種語言。」這樣的說理會讓你認同幼稚園的多元外語教學嗎？權威是我們獲取正確意見和知識的重要憑藉，尤其知識專業和分化的結果，讓我們很難去了解每個知識領域的研究，權威的說法在這個時代就更顯得重要甚至是必要。但是正因為知識的分化，我們在引用權威意見時要注意權威的專業領域所在，固然成為諾貝爾獎得主是很了不起的成就，但這並不是他精通教育的充分證明，而他對教育的看法甚至不見得比一位有經驗的媽媽來得高明。權威在非專業領域的意見只能做為參考，甚至是一般人的意見，而不能當作是充分的理據。

類推與錯誤類比

類推或者類比，也是一種常見的推論或者說理方法，主要是藉著事物中的類似之處，將已知的觀點推演到未知的事物上頭。比方中國的古書中，常藉著「天無二日，君無二主」來說明國家只能有一位統治者。類推的說理和歸納論證一樣，無法像演繹論證一般，由前提皆真保證結論亦真。主要是因為類推說理牽涉到事物之間類似性的判斷，而如何才稱得上「類似」卻沒有一個明確的標準，前提和結論之間也缺乏必然性。比方說地球上有空氣、陽光和水，地球上有生命；若火星上也有空氣、陽光和水，我們能得到火星上必然有生命的結論嗎？

邏輯推理的謬誤

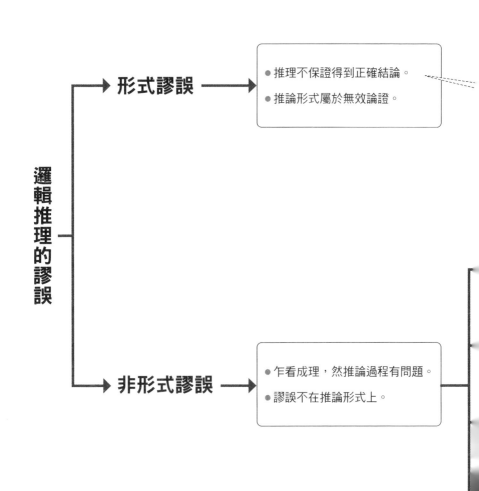

邏輯推理的謬誤

形式謬誤

- 推理不保證得到正確結論。
- 推論形式屬於無效論證。

非形式謬誤

- 乍看成理,然推論過程有問題。
- 謬誤不在推論形式上。

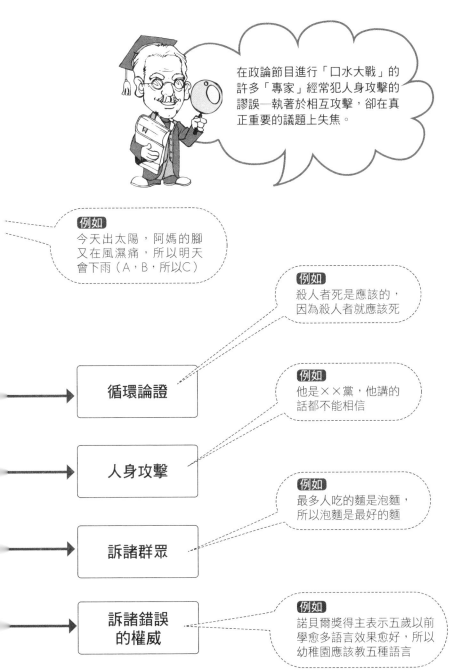

在政論節目進行「口水大戰」的許多「專家」經常犯人身攻擊的謬誤—執著於相互攻擊,卻在真正重要的議題上失焦。

例如
今天出太陽,阿媽的腳又在風濕痛,所以明天會下雨(A,B,所以C)

例如
殺人者死是應該的,因為殺人者就應該死

循環論證

例如
他是××黨,他講的話都不能相信

人身攻擊

例如
最多人吃的麵是泡麵,所以泡麵是最好的麵

訴諸群眾

訴諸錯誤的權威

例如
諾貝爾獎得主表示五歲以前學愈多語言效果愈好,所以幼稚園應該教五種語言

4

驚奇之旅（一）

希臘與中世紀的哲學

希臘文化的豐富遺產是整個西方世界兩千年來的泉源活水。希臘的神話、建築、藝術都堪稱不朽，但最具影響力者無疑是啟發無數後世心靈的希臘哲學。蘇格拉底、柏拉圖、亞里斯多德三哲人對世界與人生的反省思辨，以及對於哲學，乃至各個知識領域所提出的深刻洞見，奠定了人類智識的深厚基礎。中世紀雖然因蠻族入侵羅馬帝國而被後世稱為黑暗時代，但希伯來信仰為歐洲大陸注入了新的元素，而教會所保存的知識，也為近代思想留下一息生機。理性與信仰的辯證則是這個時代無可迴避的重要課題。

學習重點

- 希臘為什麼哲學思考特別發達？
- 蘇格拉底以前的人如何看世界？
- 為什麼讀哲學不能不懂蘇格拉底？
- 為什麼柏拉圖這麼大名鼎鼎？
- 亞里斯多德對後人有什麼貢獻？
- 伊比鳩魯和斯多葛追求怎樣的幸福人生？
- 中世紀哲學如何解釋神學？

你將認識

・蘇格拉底・柏拉圖・亞里斯多德・聖多瑪斯・奧古斯丁

哲學萌芽的時代──希臘哲學的特色

西方哲學在西元前六世紀，歐亞文明交會的小亞細亞海岸發端，而在蘇格拉底、柏拉圖、亞里斯多德師徒三人手中達到頂峰。

從神話轉向哲學

如同世界上許多其他民族，希臘文明的結晶最初也是以神話的形式展現。在奧林帕斯山上執掌人類命運和宇宙秩序的眾神，直到今天仍廣為人知。不過在神話的世界觀之下，無論是人類社會還是自然世界，一切似乎只是被眾神的情欲所決定，無所謂秩序和本質，人類為了自身禍福也只能對支配自然現象的諸神加以祭祀，別無他法。但是在西元前六世紀左右，米利都這個地方出現了一些不太一樣的人，他們不以神話傳說來看待世界的各種現象，而以世界本身說明世界，試圖探詢世界的本質和真相，哲學也就在這些人的各種想法之中開始滋長。

對於自然和人生的思索

希臘文明是一個海洋文明，當時許多生活在愛琴海的人們從事貿易和航海事業，天文、氣象的規律性讓他們漸漸認識到世界並不是完全處於任意與偶然之下，對於自然秩序的探求，成為蘇格拉底以前的哲學家們所關注的課題，他們對人類所處的世界深感興趣，試圖追問構成事物的本質究竟為何？蘇格拉底之後，哲學思索的領域則不再侷限在形上學的範疇，而擴展至知識論、倫理學、美學、法政哲學。他們並不是不再關心萬有本原的問題，而是將終極關懷轉向幸福人生和心靈的寧靜。

貴族哲學家

我們可以常聽見一種觀點──「連肚子都填不飽了，哪裡有時間去想什麼宇宙人生的問題！」對於擁有好奇和喜歡思索的心靈的人來說，也許生活的困苦不但不構成放棄哲學思索的理由，反而更能促使他去反省神的公義、政治的正義、社會體制允當與否等等問題；不過希臘時期的哲學家們也確實大多出身貴族，因為他們不需要去操煩柴米油鹽，所以有更多時間去思索哲學問題。亞里斯多德就曾說過：「閒暇是哲學思辨的必要條件。」而後世也有許多哲學家出身良好，要不就是能耐得住較差的物質生活，而在精神生命上求其成全滿足。

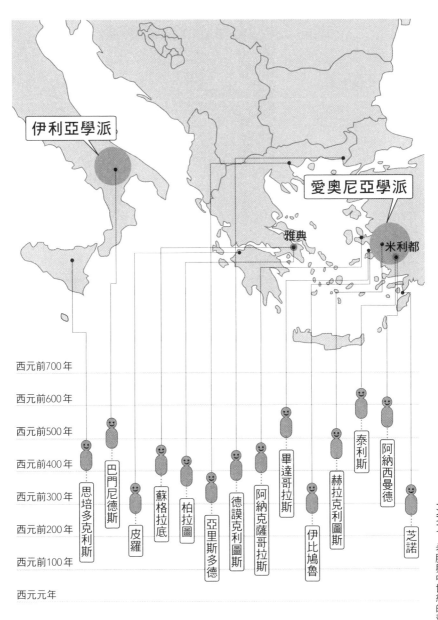

哲學萌芽的時代

伊利亞學派

愛奧尼亞學派

雅典

米利都

西元前700年

西元前600年

西元前500年

西元前400年

西元前300年

西元前200年

西元前100年

西元元年

恩培多克利斯

巴門尼德斯

皮羅

蘇格拉底

柏拉圖

亞里斯多德

德謨克利圖斯

阿納克薩哥拉斯

畢達哥拉斯

伊比鳩魯

赫拉克利圖斯

泰利斯

阿納西曼德

芝諾

蘇格拉底之前的哲學思想

在蘇格拉底之前的一百多年間，這個時期哲學家們開始爭論什麼是世界本原、存在是一還是多、變還是不變，希臘哲學的種子從對存在問題的思索開始萌芽。

愛奧尼亞學派

愛奧尼亞是中東和希臘的交通要道，作為東西文明的交匯點，早期的希臘哲學家大多出身此地。被後世冠為最早的哲學家的是西元前六世紀、米利都城邦的泰利斯，他宣稱了萬物的本原是「水」。這樣的講法今天或許看來無稽，但是這卻是透過流變萬物對不變本質的試圖把握，而不是以擬人的神話來解釋世界。在泰利斯之後，又有阿納克西美尼的「氣」、赫拉克利圖斯的「火」、阿納西曼德的「無限定者」。他們跨越了經驗和表象，更超脫了迷信與神話，用理性去思考世界真相。

畢達哥拉斯學派

畢氏學派的創始者是畢達哥拉斯，他出生於愛奧尼亞海域的島上，四十歲時在義大利建立了具有宗教、政治和學術色彩的團體，後來被稱為畢達哥拉斯學派。畢達哥拉斯以畢氏定理聞名於後世，他認為「數」比任何的物理屬性都要更為普遍，而所有事物都可以被歸結為數，所以他認為「數」才是萬物本原。他也主張一切生物都有靈魂，而靈魂需要被淨化才可以轉生，因為哲學思辨和音樂能讓靈魂和諧，被認為能夠淨化靈魂。

伊利亞學派

伊利亞學派發源於義大利南部的伊利亞城，創始人是稍晚於泰利斯的巴門尼德斯。他不贊成赫拉克利圖斯的萬物流變的說法，認為那都是反應在感官上的幻象，如果「存在」的真相是流變（從一個事物變成另一個事物），那就意味著一個東西是又不是自己，伊利亞學派認為這根本是矛盾的，所以「存在」應該是不變的；而如果「存在」是多，表示「存在」會被「存在」以外的東西分割，但「存

一個人不可能將腳放入同一條河流兩次

雖然愛奧尼亞的哲學家們對萬物本原各有看法，但他們大多認為本原單一，流變不停，像赫拉克利圖斯就曾說「一個人不可能將腳放入同一條河流兩次」，因為河川不停流動，要把腳再次放入時，已經不是當初的那條河川了。

萬物的本原到底是什麼呢？

泰利斯 ➡ 水 萬物的最初本原是水。

阿納克西美尼 ➡ 氣 氣的聚散形成各種實體，氣很稀的時候就形成火、再濃就形成風、再來是雲、水、土、石頭。

赫拉克利圖斯 ➡ 火 這個世界的一切存在都是一團永恆的活火，一切轉為火、火又轉為一切。

阿納西曼德 ➡ 無限定者 無限定者沒有本原，它本身就是其他存在的本原，因為說無限者有本原就等於說它有限。

畢達哥拉斯 ➡ 數 數字是一切事物的本性，數字也是宇宙中最先存在者。

最早的哲學家多半把物質性的本原當做是萬物的本原。

亞里斯多德

在」以外就是「不存在」，所以「存在」不可能被分割。「存在」是「不變的一」，就是伊利亞學派的主要看法。

原子論和元素論者

原子論的代表人物是德謨克利圖斯，原子論者認為雖然世界上的事物總是可以被分割，但是分割到最後一定會有不可分割的最小單位，他們稱之為「原子」，這也就是世界的本原。而原子論者注意到既然事物是可分割的，而且也總是運動和流變的，所以也需要「虛空」，因為如果都是「有」而沒有「無」的話，存在就變成充滿於所有空間的實體，分割、運動、流變就都不可能了，所以原子論者同時承認「原子」和「虛空」的存在。有另一派哲人也認為事物是由不可分割的最小單元組成的，但是他們進一步論述了最小單位的性質，像是恩培多克利斯的地、水、火、氣的「四根說」和阿納克薩哥拉斯的「種子說」，其中種子說主張事物有多少種性質，就有多少種種子。這一派思想家後來被亞里斯多德統稱為元素論者。

伊利亞學派的主張

存在者是
「不變的一」

存在者以外沒
有任何存在

存在者在各方面都是完全的，好像一個滾圓的球體，從中心到每一端的距離都相等，不能在哪個地方大一點或小一點。因為沒有其他存在破壞團結，存在者是完全不可損毀的。

巴門尼德斯

原子論與元素論

有些古希臘的哲人認為萬物的本原不見得只是一種物質所變化而成，可能是多種物質、或者是不可分割的更小物質所組合而成。

德謨克利圖斯 ➡️ **原子**

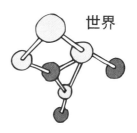

世界

原子在數量上是無限的，而且形成了各種複合物，土、水、火、氣其實都是原子集合而成的。原子十分堅固，既不能毀壞也不會改變。

恩培多克利斯 ➡️ **四大元素**

水

火　世界　土

氣

土、水、火、氣這四大元素在時間的流轉中輪流佔據上風。四大元素不會消滅，在這之外就沒有其他存在。

阿納克薩哥拉斯 ➡️ **種子**

世界上的各種結合物中包含著萬物的種子，帶有各種形狀、顏色和氣味。人和其他生物都是由種子構成的。

PART4 希臘與中世紀的哲學

哲學的身教──蘇格拉底

蘇格拉底就像是東方述而不作的孔子，他的言行思想被記錄在學生柏拉圖的《對話錄》之中。他自己雖然沒有著作，但最後他以自己的生命做出了哲學的身教。

我不是智者，我只是個愛智者

希臘和波斯在西元前四九二年開始了希波戰爭，在近半世紀的爭戰後，希臘諸城邦獲得勝利，奠定了和平繁榮的基礎。這個時期出現了一批以傳授智慧，並向學生收取學費的「智者」。智者主要傳授學生的是與政治、訴訟高度相關的修辭學和辯論術，都是些具有實用目的的知識。但其中有一位以對話為教學手段的人，他反對智者常見的詭辯，更不向學生收取學費。他說：「我不是智者（sophist），我只是個愛智之人（philosophia）。」他的名字叫作蘇格拉底。

認識你自己

蘇格拉底的一位朋友曾向祭拜太陽神阿波羅的德爾斐神廟求示神諭，他問道：有沒有比蘇格拉底更有智慧的人？而祭司所傳達的神諭竟然是「沒有」。蘇格拉底自覺沒有智慧，所以開始四處找尋智者所擁有的智慧。他透過跟別人對話來接近真理，但是最後卻發現之所以比別人更有智慧的原因，就是他擁有沒有智慧的這份自知。他認為哲學不能只專注於自然而不去思索人自己。「認識你自己」是德爾斐神廟的名言，也是蘇格拉底思想的重要特色。

德性就是知識

蘇格拉底並沒有著作傳世，我們今天是透過他的學生柏拉圖和色諾芬所記載的事蹟來了解他的思想。蘇格拉底將哲學的目光從世界的本原問題拉回到人的身上，他關心的是什麼是人的幸福，他認為幸福不只是快樂，而應該是一種至善。因為物質生活的單方面滿足，可能帶來一時的快樂，但心靈若有憂慮，那根本稱不上幸福。幸福來自節制，是對自己利益的真正了解，能夠調和自己的慾望，而智慧應該是能夠為善去惡，因為那才是真正帶給人靈魂和諧的幸福之道。

潑婦桑堤婆

蘇格拉底的太太桑堤婆是一位非常凶悍的人，蘇格拉底整天在市場留連，與人談論哲學，桑堤婆對此常勃然大怒。有人認為，也許是桑堤婆造就了一位大哲學家。

蘇格拉底之死

蘇格拉底曾經擔任雅典的政治職務，並且屢次因為與當政者意見牴觸而遭懷恨，因此後來有人以不信諸神，並且敗壞青年心靈的罪名要求判處蘇格拉底死刑。蘇格拉底有機會選擇自我放逐以避免極刑，他的學生們甚至幫他安排了逃獄，但是他認為這些做法都與他的原則有違，最後蘇格拉底仍選擇從容面對死刑。在行刑當天還在跟朋友、學生們暢談哲學問題，最後喝下毒酒，與世長辭。蘇格拉底沒有留下太多系統的哲學思想，但是他對知識的態度以及正直堅毅的人格，給哲學人留下了不朽典範。

蘇格拉底在受審時的慷慨陳辭

只要我一息尚存，我永不停止哲學的實踐，仍會向我所遇到的每一個人說：「朋友，你是偉大、強盛、以智慧著稱的雅典公民，像你這樣只圖名利，不關心智慧和真理，不求改善自己的靈魂，難道不覺可恥嗎？」

蘇格拉底之後的重心轉變

先蘇時期的哲學

土　水　火
氣　種子

關心的重心：
什麼是萬有的本原？

希臘哲學重心轉移

蘇格拉底之後

正義　幸福
快樂　勇敢

關心的重心：
怎樣才算幸福人生？

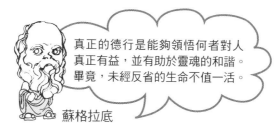

真正的德行是能夠領悟何者對人真正有益，並有助於靈魂的和諧。畢竟，未經反省的生命不值一活。

蘇格拉底

從理型論到理想國──柏拉圖

「柏拉圖就是哲學」、「兩千年來的哲學不過是柏拉圖的註腳」。這分別是二十世紀哲學家愛默生和懷海德對柏拉圖的看法。要是沒有柏拉圖，當然不會沒有哲學，但肯定不會是今天的面貌。

雅典學園的創始者

柏拉圖出身於雅典貴族，在二十歲時就成為蘇格拉底的學生。雅典曾出現一段寡頭政治時期，柏拉圖的親戚正是執政寡頭之一，寡頭的暴力行徑以及和老師蘇格拉底的意見對立，都讓柏拉圖對寡頭政治失望。後來雅典雖然恢復民主制，但是蘇格拉底卻是在這個制度下被處死，柏拉圖從此對一切政體失望。柏拉圖後來幾度有機會在西西里島實踐新的政治理念，但是後來都因故未能實現。柏拉圖在四十歲時回到雅典創了學園，這也是西方最早的高等學府。柏拉圖在這裡教授哲學、數學、天文學、植物學等等學問，直到八十歲去世。

理型論

柏拉圖最重要的思想創見之一，就是調和了「一與多」、「變與不變」的對立。真實的知識理應穩定持久，但感官的對象卻總是流變不居，柏拉圖認為在感官所接觸到的現實世界之外，還有一個能被理性所認識、而且更加真實的世界。感官所接觸到現實世界的存在或多或少都有缺陷，但是我們所擁有的觀念卻總是完美的。柏拉圖認為，這些觀念一定也有其實在性，不然如何能被我們所認識呢？這些觀念（或稱為理型、共相）才是最真實的存在，而現實世界的存在不過是理型的分享或模仿。

柏拉圖的《對話錄》

現在流傳下來的柏拉圖著作都是對話錄形式的作品，這種創作像是劇本一樣，有許多人物輪流發言，討論許多與哲學相關的問題。

柏拉圖式的愛情和流浪人間的半身

柏拉圖在《對話錄》〈饗宴〉篇中，認為愛應該要恆久，而肉體卻不能永遠，所以靈魂才是愛的對象。此篇還提到一則動人故事：人類本來是有兩張臉的圓球體，因為向諸神挑戰失敗，而被切成兩半。從此每一半都終生尋找另一半，渴望與之結合為一。

理想國

　　柏拉圖對政治充滿了理想，但也充滿了傷痛的回憶。不過他仍藉由《理想國》對話錄論述了他的政治哲學。柏拉圖認為人無法獨自生活，必須組成團體分工合作，除了各種勞工之外也需要衛士階層保衛國家。這個城邦的領導者應該從衛士中選出，但更重要的是對統治階級施以教育，包括音樂、體育、數學、天文；三十歲後要接受哲學教育；在三十五歲後開始擔任公職，直到五十歲才從中選出最佳者成為統治者，並且在新一代出現後自行引退。這樣的統治者被後世稱為哲學家皇帝。

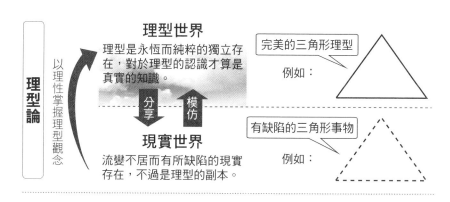

柏拉圖主要思想

理型論

以理性掌握理型觀念

理型世界
理型是永恆而純粹的獨立存在，對於理型的認識才算是真實的知識。

分享　模仿

現實世界
流變不居而有所缺陷的現實存在，不過是理型的副本。

完美的三角形理型
例如：

有缺陷的三角形事物
例如：

理想國

靈魂的組成　　相對應的德行　　理想國家的組成如同金字塔

頭部 理性 → 智慧 ← 統治者
胸部 意志 → 勇敢 ← 衛士
腹部以下 欲望 → 節制 ← 工人

人人克盡厥職達成 **正義**

柏拉圖

> 一個完美的國度具備了智慧、勇敢、節制和正義等德行。智慧是領導者所應具備的，勇敢屬於衛士，節制適用於全體公民，正義則是各個階層都各盡其分。

最博學的哲學家──亞里斯多德

亞里斯多德所寫作的題材和思索的問題，不但拓展了哲學的視野，也奠定了許多其他學術領域的基礎，做為柏拉圖的學生和亞歷山大大帝的老師，亞里斯多德的博學教人嘆為觀止。

亞歷山大之師

亞里斯多德出生於西元前三八四年，父親是馬其頓國王的御醫。十七歲進入雅典學院，在柏拉圖門下二十年，直到柏拉圖逝世。四十一歲出任馬其頓王子亞歷山大的私人教師，七年之後，亞歷山大即位。後來亞里斯多德因不滿亞歷山大的作為，回到雅典創辦呂克昂學園，與柏拉圖學園均為雅典的哲學中心。但在亞歷山大染病過世後，雅典人反馬其頓情緒激昂，亞里斯多德被指控瀆神，他再度離開雅典，六十一歲時於愛琴海的島上病逝。

學術領域的奠基者

單從亞里斯多德著作之多，就可以想見這位大哲學家的博學。亞里斯多德依據處理對象的不同將哲學區分為理論哲學（人類的知識）、實踐哲學（人類的行動）、創作哲學（人類的生產）。他的研究對象在今天看來橫跨了大學裡的好幾個學院─有邏輯學、形上學、物理學、氣象學、動物學、解剖學、自然哲學和數學；有倫理學、政治學、經濟學；也有修辭學、詩學。亞里斯多德不將現象世界看成流變而不真實，所以他的研究興趣也包括了經驗的觀察和分析。亞里斯多德不僅是一位哲學家，也是許多其他學問的重要奠基者。

實體與四因

柏拉圖將真實寄託在理型界之中，但是亞里斯多德不承認脫離現實世界存在的「觀念」。亞里斯多德區分了「質料」和「形式」，質料是構成存在的材料，而形式則使存在以現存的樣貌呈現。相較於柏拉圖的理型，亞里斯多德將真正存在者稱之為「實體」，質料和形式正是構成實體的兩個要素，形式內在於個別事物，而非存在於現實世界之外。對於事物的流變和運動，亞里斯多德則提出了四因：質料因（構成事物的材料）、形式因（朝向事物本質流變）、動力

漫步學派

漫步學派─亞里斯多德所創辦的學院，又稱為漫步學院（或逍遙學院），學生則統稱漫步學派（或逍遙學派），因為他們常在林中小徑逍遙漫步，討論哲學問題。

因（運動的開始或停止）、目的因（運動的目標）。對於先蘇時期各種自然哲學的見解，四因說更完整而周全的總結了前人的看法。

倫理學

亞里斯多德認為國家和個人的行為都有目的，其目的就在於善。幸福是生命的自然目的，也是最高的善，因為幸福不但是自身的目的，也是一切行為的最終目的。亞里斯多德認為人的幸福來自於人自身固有能力的卓越，因為他認為一切自然事物的能力和目的必定相互對應，既然人的目的在於幸福，人類的本有能力也一定可以達成此一目的。在亞里斯多德看來，人的獨特能力正在於理性，理性的卓越發展和在實踐領域的運用便是「德行」。人類藉由理性的思慮和選擇，尋找出可欲的、導向幸福的行為。而亞里斯多德認為德行應該是一種中庸之道，一種過猶不及的中道選擇。亞里斯多德的想法，奠定了後世「德行倫理學」的基礎。

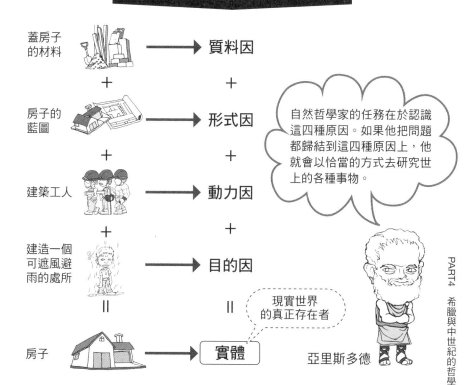

四因說

蓋房子的材料 → 質料因

＋ ＋

房子的藍圖 → 形式因

自然哲學家的任務在於認識這四種原因。如果他把問題都歸結到這四種原因上，他就會以恰當的方式去研究世上的各種事物。

＋ ＋

建築工人 → 動力因

＋ ＋

建造一個可遮風避雨的處所 → 目的因

＝ ＝

現實世界的真正存在者

房子 → 實體

亞里斯多德

亞里斯多德之後──伊比鳩魯與斯多葛

亞里斯多德之後的希臘哲學又出現了新的發展，整個哲學思潮的重心是從自然哲學走向倫理學。直到西元五二九年東羅馬帝國皇帝查士丁尼下令關閉雅典所有學園，希臘哲學的黃金時期也走入了尾聲。

伊比鳩魯

　　哲學在伊比鳩魯看來，最終應該要回答何謂幸福人生。如果哲學不能解決靈魂痛苦，那麼就跟不能醫病的藥一樣無用。伊比鳩魯的倫理學被稱為快樂主義，他認為所有的存在都會追求快樂，快樂也就是幸福所在。但是伊比鳩魯眼中的快樂並非貪圖一時之快，因為他認為能夠持續一生，並且帶來最少痛苦的才是真快樂，也才能真正帶來身體健康和心靈平靜。後來有人認為他是享樂主義、縱欲主義，這些都是對伊比鳩魯的誤解。

斯多葛學派

　　斯多葛學派的創始人是芝諾，這一派哲學後來在羅馬時期仍相當活躍。斯多葛學派也很重視倫理學，他們曾經比喻哲學像一顆雞蛋，邏輯學是蛋殼、自然哲學是蛋白、倫理學是最重要的蛋黃。他們認為所謂幸福生活就是按照自然法則而活，「依自然而活」便是他們倫理學的核心主張。因為每個人都有他自己的命運，他們對世界的看法是保持著決定論的態度，人對於這個命運是無能為力去改變的，可以改變的是自己對命運的態度。若不能順應命運，在斯多葛學派看來是一種非理性的態度，而理性的態度應該是不為任何際遇變化所動，這才是真幸福。

懷疑論者

　　伊比鳩魯和斯多葛兩派對於幸福的看法各有不同，但是他們也有各自的自然哲學立場。而當時的懷疑論者則完全否定知識，不過他們的最終關懷還是指向幸福人生。懷疑論者的創始人是皮羅，懷疑論者認為，因為所有的事物之究竟，並不是人類可以探究的。我們始終只能知道事物的外貌和表象，而且不同的人可能又有不同的認識。為了生活，我們接受各種可能為真的看法，但是卻不能以為我們能知道真理。人的靈魂在各種理論的爭論中根本無法獲得安寧，只有終止判斷才能避免困惑。

花園學派與「斯多葛」

伊比鳩魯就在他的花園裡授課，所以又被稱為花園學派。而「斯多葛」在希臘文中是「彩繪的柱廊」的意思，是斯多葛派的創始者芝諾一開始的講學之處。

追求幸福的三種方法

伊比鳩魯

幸福是：
- 快樂就是幸福
- 真快樂能持續一生，而且最少痛苦

➡️ 追求方法：
- 節制地追求滿足
- 保持身心平靜

> 我們最終的目的不是絕對的快樂，而是擺脫痛苦；不是內心的波動，而是內心的平靜。

伊比鳩魯

斯多葛學派

幸福是：
不為外物所影響

➡️ 追求方法：
- 接受命運，改變對命運的態度
- 順應自然本性而活

> 主要的善就是以一種順從自然的方式生活，也就是順從自己的本性和普遍的本性，按照健全理性，根據本性所選擇的事情去做。

懷疑論

人無法探究真理，應以追求安寧為務

➡️ 追求方法：
終止各種判斷

> 最高的善就是不做任何判斷，隨著這種態度而來的就是靈魂的安寧。

皮羅

哲學的婢女時代─中世紀哲學

代表希臘哲學精華的各個學院在西元五二九年被全部勒令關閉，其實在這之前希臘哲學已漸漸走向衰微。但基督宗教的學者運用哲學，從護教到為信仰和神學問題找尋理性基礎，這股思潮的發展直到十四、十五世紀懷疑主義和人文主義興起為止。

羅馬帝國的興衰

希臘時期在亞歷山大大帝之後進入了一個新的時代，但是因為亞歷山大大帝的早逝，使得這個年輕的新生帝國很快又進入分裂的局面。但是亞歷山大所傳播到各地的希臘思想卻沒有因為帝國的分裂而消失，羅馬帝國承接了希臘時代的遺產，撒下的思想種子因而開創了新的局面。但是在蠻族入侵羅馬後，原來的文化幾乎被破壞殆盡，歐洲進入黑暗時代。但是希臘羅馬文化的精華因為翻譯而保留在阿拉伯世界，直到西元十一世紀之後，才又漸漸傳回歐洲，進入文化復興時期，大學也在此一時期出現。

基督宗教的傳入與教父哲學

基督宗教在羅馬帝國的傳播一開始受到禁止甚至迫害，直到西元三一三年，由君士坦丁大帝和東羅馬帝國皇帝共同發表「米蘭詔書」，才免除了政治上的壓迫。除了政治勢力的介入，對教義的懷疑和攻擊更是基督宗教的信仰者所亟欲駁斥的。教父就是保衛宗教正統地位的護教者，他們制定教規、組織教會。這個時期是基督宗教和希臘哲學最初的交流融合階段，後代的哲學史家將約在西元二世紀到五世紀間，在護教論辯中所使用的哲學概念和推理思辨抽離出來，稱之為「教父哲學」，其最主要的代表人物是奧古斯丁。

經院哲學和中世紀哲學的沒落

相對於教父哲學對於異議者的駁斥，基督宗教在中世紀中期以後已不再有護教的迫切需求，取而代之的是以基督教教義為對象的各種邏輯論證和概念分析，用以為各種神學問題建構理性的基礎。因為這樣的哲學產生於基督教的經院之中，所以又稱之為「經院哲學」（又稱士林哲學）。經院哲學的代表人物是聖多瑪斯，主要的爭論焦點之一是「共相」究竟只是一個名稱，還是如柏拉圖的理型論所認為的是一種實在？也就是中世紀「唯名論」和「唯實論」的對立。這關係到基督宗教「三位一體」的「一體」究竟是實在還是僅為名稱，這牽涉到基督宗教的一神論和上帝絕對性的問題。

中世紀哲學

教父哲學	經院哲學（士林哲學）
5世紀	10世紀　　　　　　15世紀

● 思想重心：保衛基督宗教的正統
● 代表人物：奧古斯丁
● 承接的思想體系：柏拉圖

● 思想重心：對基督教教義進行邏輯論證與概念分析
● 代表人物：聖多瑪斯
● 承接的思想體系：亞里斯多德

基督教的共相問題
是經院哲學重要的
爭論之一。

唯名論　　概念共相都只是名稱　　「三位一體」的「一體」只是一個概念。聖父、聖子、聖靈的個別存在才是真實的。

唯實論　　概念共相才是真實的永恆存在　　「三位一體」確實存在，所以上帝只有一位。

教父哲學─奧古斯丁

奧古斯丁的思想是中世紀早期教父哲學的代表，對於以護教為任務的教父們來說，最令人驚奇的是，奧古斯丁本來是一位道德上墮落的異教徒。

懺悔的異教徒

奧古斯丁出生於羅馬帝國在北非的小城塔加斯特（位於今天的阿爾及利亞），是努米迪亞族的黑人。奧古斯丁本來是傑出的修辭學教師，但他並不是基督徒，而是摩尼教徒。他的生活非常荒淫肉慾，跟婦人同居，同時又有其他情婦。三十二歲那年，奧古斯丁在自家花園為要不要選擇基督宗教而苦惱時，聽到有孩童的聲音說「拿起來，讀吧！」，他隨手翻開聖經，默默讀著最初翻到的〈保羅致羅馬人書〉，決定了他道德上的轉變。次年，他受洗為基督徒，走上了護教的道路，撰寫了大量的神學論文，並結合柏拉圖哲學與基督宗教教義，認為靈魂是實體。四十二歲成為希波地區的主教，七十六歲希波城被蠻族攻破前過世。後人因尊敬他，多稱他為聖奧古斯丁。

對摩尼教的批駁─上帝與惡的關係

奧古斯丁一開始信仰的是摩尼教，因為他認為基督教沒有辦法對惡的存在做出解釋。早先伊比鳩魯學派就證明了惡和上帝全知、全能、全善相矛盾：惡如果是上帝創造的，上帝就不是全善的；惡如果不是上帝創造

的，上帝若不知道惡被創造出來，可見上帝不是全知的；或者上帝無力阻止，可見上帝不是全能的。但在奧古斯丁以基督宗教為正信之後，面臨的就是此一難題。他將惡分為三種，自然災變是「物理惡」、錯誤的認識屬於「認識惡」、對於善的背離是「倫理惡」。而只有「倫理惡」才是真罪惡，但這是出於對正當目標的背離，不能因此否定上帝智慧的絕對完善。但是隨之而來的問題是，上帝又為什麼要讓我們有自由意志可以為惡？為什麼不把人創造成只能為善呢？奧古斯丁認為，如果人沒有自由意志，就沒有公正的獎懲，但獎懲的公正性來自於上帝，因此公正性必然存在。上帝也必然賦予人自由意志。

上帝之城

雖然羅馬帝國早年對基督徒多有迫害，不過基督宗教成為官方宗教後，許多人都認為羅馬肩負著實現基督救世的責任，但是隨著蠻族屢屢入侵羅馬，似乎意味著羅馬宗教使命的破滅，異教徒也認為這是崇拜基督的報應。奧古斯丁為駁斥這樣消極的想法，寫出〈上帝之城〉，對歷史做出新的詮釋。他區分了聖史和俗史、地上之城和上帝之城。聖史是聖

經所記載的上帝啟示，俗史就是現世的歷史，奧古斯丁認為不論俗史如何發展，都不會影響聖史中已經應許人的。而地上之城和上帝之城的區別在於組成者所愛的對象不同。上帝之城是愛上帝者所組成，但地上之城的組成份子則是愛自己但藐視上帝者。這個分類並不指涉實際的國家，而是精神、道德上的，所以即使國家統治者是基督徒，但國民仍有可能因為信仰上的背離，而僅居住在地上之城。只有上帝之城是公義的，其真正實現要仰賴末日審判，上帝所選擇的得救之人才能構成上帝之城而永存。

摩尼教

摩尼教是西元三世紀在巴比倫興起的世界性宗教，因其創始人摩尼而得名。一般認為其教義採納了祆教、基督教和猶太教的思想，而其中祆教是一種二神教，善神代表光明，惡神則是萬惡之源。

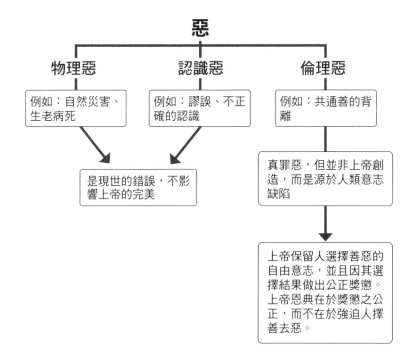

惡與上帝是否矛盾

惡

物理惡 — 例如：自然災害、生老病死

認識惡 — 例如：謬誤、不正確的認識

物理惡、認識惡 → 是現世的錯誤，不影響上帝的完美

倫理惡 — 例如：共通善的背離

→ 真罪惡，但並非上帝創造，而是源於人類意志缺陷

→ 上帝保留人選擇善惡的自由意志，並且因其選擇結果做出公正獎懲。上帝恩典在於獎懲之公正，而不在於強迫人擇善去惡。

經院哲學──聖多瑪斯

西元一三二三年，教皇約翰二十二世將多瑪斯冊封為聖徒，宣布其著作為「每一個章節都是正確的」；西元一八七九年，教皇利奧十三世更敕令所有的天主教哲學必須以多瑪斯的哲學為唯一正確的體系。若要指出最重要的經院哲學家，聖多瑪斯無疑是最佳人選。

天使博士的生平

多瑪斯阿奎那於西元一二二四年左右，在今天的義大利亞奎諾附近出生。他的家庭是當地的貴族，父母都希望他做修道院院長，所以從小就送他到修道院接受宗教教育，後來修會的會長看上多瑪斯的才華，想將多瑪斯送到巴黎大學神學院，但他的家人卻不允許，甚至把多瑪斯軟禁在家一年。最後還是沒辦法改變多瑪斯的心意，在二十一歲時到巴黎繼續學習。二十七歲多瑪斯開始講授神學與哲學的一生，他曾在歷任不同教皇的宮廷教學、著述，並任教於巴黎、拿坡里等大學。約五十歲時應教皇之邀赴會途中病逝，後世稱之為「天使博士」。

神學領域的亞里斯多德

相對於奧古斯丁受柏拉圖影響，多瑪斯將當時從阿拉伯傳回的亞里斯多德哲學與經院哲學相調和，在倫理學方面接受了幸福論、知識論方面接受了知識開始於感覺、形上學則承繼了實體的看法。多瑪斯雖然稱不上長壽，但是他一生的著述超過一千五百萬字，並且論述的領域也和亞里斯多德一樣廣博。此外，多瑪斯提出的自然法，對日後法政哲學影響深遠。他認為在人的本性中存在著上帝所制定的自然法，使人保全生命、趨善避惡、探索真理、維持秩序。

證明上帝存在的五路論證

經院哲學以哲學思辨為神學尋找理性基礎，其中最重要的問題當然是證明上帝的存在，多瑪斯在《神學大全》提出了五種證明：一、每一個事物的運動都源於另一個事物的運動，這個運動系列必定需要一個最初的推動者；二、每一個事物有其動力因，動力因的無限回溯也可以發現有一個最初的動力因；三、世界雖然流變不已，但是總是有事物存在，如果有一刻所有的事物都不存在，那麼這個世界就不復存在了，所以總是有必然存在者，而其中又有不依靠外在原因而必然存在者；四、我們所認識到的事物或多或少都有一定的完善性，而完善性是透過比較而得，一定有一個最為完善的存在；五、即使無理性的存在往往也都朝向特定的目的發展，事物的發展並非偶然隨意，而是出自謀劃，謀劃則需要一個有知識和智慧的存在指導。

上帝存在的五種證明

在信仰的科學中必然有一些可用自然理性來證明，如「上帝存在」。

聖多瑪斯

現象1	現象2	現象3	現象4	現象5
萬事萬物相互牽引運動不止	每一事物因有動力才能運動	世界無時無刻有萬物存在	每一事物均有部分的完善性	事物有特定的發展方向
↓ 必定需要	↓ 必定有	↓ 必定有	↓ 必定有	↓ 必定有
最初的推動者	最初的動力因	必然的存在	最完善的存在	具有知識與智慧的指導者

上帝

神學藉由哲學把道理講得更清楚些，但神學的原理不是從其他科學來的，而是憑啟示直接從上帝來的。

5

驚奇之旅（二）
近代西方哲學

歷經了漫長的黑暗時代之後，西方文明從義大利的文藝復興開始露出曙光。因為人文主義和自然科學的興起，宗教不再像中世紀一般享有絕對而崇高的地位。歐陸和英格蘭兩地的哲學家們，分別以理性論和經驗論來重新建構知識大廈；神權的沒落也促使思想家們重新思考政治正當性的問題。在康德提出了先驗哲學之後，德國觀念論的發展為近代哲學帶來了另一波高峰。十九世紀的兩位大哲馬克思和尼采，則分別對資本主義和歐洲文明做出了最深刻的批判和反省。

學習重點

- 近代哲學是如何發展的呢？
- 心物二元是什麼？
- 什麼是理性論、經驗論呢？
- 康德的三部著作為什麼有名？
- 馬克思和社會主義有什麼關係？
- 尼采是誰？

你將認識

・笛卡兒・史賓諾莎・萊布尼茲・洛克
・巴克萊・休姆・康德・黑格爾・馬克思・尼采

理性時代的降臨──
近代哲學的特色

經院時代的終結

　　整個歐洲在中世紀都被籠罩在基督宗教的影響之下，但是到了十三、十四世紀左右，藝術家和作家們從古希臘羅馬文化中得到啟發，開始了文藝復興，也造成了人文主義的興起，

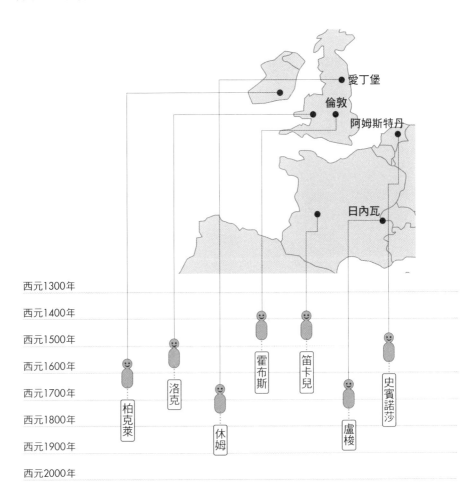

愛丁堡

倫敦

阿姆斯特丹

日內瓦

西元1300年

西元1400年

西元1500年

西元1600年

西元1700年

西元1800年

西元1900年

西元2000年

霍布斯

笛卡兒

史賓諾莎

柏克萊

洛克

休姆

盧梭

人們開始轉而肯定現世，而非將一切寄託於宗教的救贖，以人為中心的思想更表現在哲學、文學、藝術之中；另一方面，由於教會本身的貪婪、腐敗、以及王權的日益增長，教皇和教會的絕對性開始動搖，十六世紀宗教革命在歐洲各地陸續發生。不論是神權對於政權、教會對於人民、或是神學對於知識分子，經院時代的榮景不再，取而代之的是對於宗教的懷疑和理性思辨的發揚。

理性精神的發揚

如果說信仰是中世紀哲學的最大特色，那麼近代哲學則可以說是理性的時代。從笛卡兒開始，所有的知識都必須通過理性的檢驗，宗教的教義也不再被視為是理所當然，一切都有

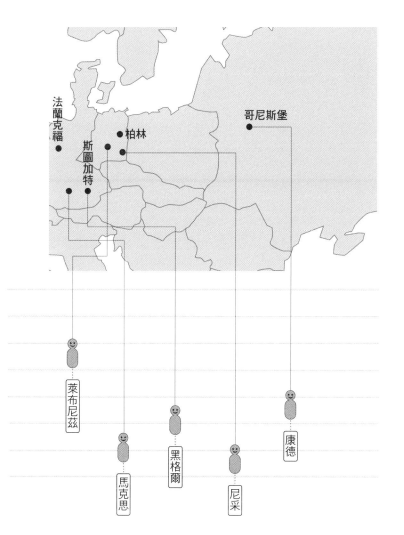

法蘭克福

柏林

斯圖加特

哥尼斯堡

萊布尼茲

馬克思

黑格爾

尼采

康德

待理性證明。中世紀固然亦以理性態度護教，或者尋找神學命題的理性基礎，但是教父或經院的神學教授並不是因為理性的關係而有信仰，毋寧說他們是因為信仰的需要才運用理性。而近代的哲學家不但以理性檢驗上帝，也以理性思考世界和自己。十八世紀的啟蒙運動更將所有的權威都放到理性法庭上檢驗，企圖消除一切反理性、非理性之物，以理性對自然、社會、人類、道德、心靈做出合理的控制與安排，這種啟蒙理性的想法，到今天仍影響著我們。

上帝在哲學地位的改變

在中世紀哲學占有核心地位的上帝，是一切存在的保證、人生意義之所繫、也是所有知識的來源。不過自從理性在近代抬頭以來，上帝的影響力在所有知識領域逐漸撤守，回歸宗教，但是祂卻仍舊在近代哲學之中有其一定的地位。上帝或者在某個哲學體系之中不可或缺；或者被哲學家們以「絕對者」、「實體」來稱呼那個永恆的必然存在。就連將所有對象都放到理性法庭上加以審視的康德，最後還是無法否認上帝的存在。雖然上帝不再有中世紀時的尊崇地位，不

過與其相類似的超驗對象仍舊沒有從哲學中完全消失。而在步入二十世紀前，尼采喊出「上帝已死」，認為人應追尋能夠自我超越的超人，則是兩千年來人和上帝的地位最極端的表現。

科學起飛時代的來臨

科學和各種學術發展在這個時代大有進展，甚至有許多學科在這個時代才真正得以獨立，而非僅僅寄寓在哲學之下（在中世紀的第一所大學裡就只有神學、法學、哲學、文學四個學科）。由於數學的發展以及經驗研究所取得的傑出成果，使得各種知識脫離了廣義的哲學而成為獨立的學科；十六世紀哥白尼所提出的太陽中心說，更駁斥了中世紀教會所接受的上帝以地球為中心的說法，在許多科學家的修正和努力之下，在一八八二年羅馬教皇也不得不承認科學的研究成果。科學在生產技術中的運用以及其他社會經濟因素的影響，十八世紀從英國開始發生了工業革命，使得人類的生活型態從中世紀的田園風景轉而成為煙囪廠房，歐洲進入了資本主義社會，二十世紀的景象也近在眼前。

超驗
超驗的意思是超乎經驗、超越經驗，無法用經驗感知的。許多哲學家所主張的「實體」都是這種看不到、摸不著的超驗存在，包括基督宗教的上帝在內的許多神祇也是這種超驗的對象。

近代哲學之父──笛卡兒

笛卡兒被後世稱為近代哲學之父,有人認為是因為他的思想的出發點不再是上帝,而是找到一個確切的知識基礎;也有人認為是因為他從全新的基礎──我出發,人的地位因而被提高。不管如何,在笛卡兒之後,哲學的確進入了一個全新的時代。

火爐旁的哲學家

笛卡兒出生於法國的法官貴族家庭,從求學時代開始,笛卡兒養成了在溫暖被窩裡思考的習慣。在取得法律學位後,笛卡兒將目光從書本轉向世界,開始周遊列國。在這段旅行各地的時光裡,他仍然常待在溫暖的火爐旁邊思考問題。在十年旅途之後,笛卡兒決定定居荷蘭,從事哲學問題的思考,代數、幾何和光學的研究。如同許多其他的思想家,笛卡兒受到褻瀆上帝的攻擊:大學禁止講授、市議會也決議禁止談論笛卡兒哲學。後來笛卡兒應瑞典女王之邀擔任宮廷教師,這位女王要求笛卡兒一大早就得離開溫暖的被窩和火爐,在清晨五點為她授課。笛卡兒次年便在這個寒冷的北方國度得到肺炎而過世。

懷疑一切

笛卡兒認為除非我們找到一個不可動搖的基礎,否則一切的知識都不能輕易地被接受,他認為這個基礎就是清楚明晰而無法有任何懷疑的觀念。在笛卡兒的眼中,幾乎一切知識都因不符這個標準而被排除──世界是藉由感官認識的,感官可能會錯;對自我的知識則因夢與現實難分亦不可靠;至於看來最為清楚明晰的數學,也被笛卡兒排除於可靠知識之外,因為我們可以設想一個擾亂我們算數學的惡靈,而且我們也無法證明我們的確沒有被他擾亂。笛卡兒的標準是如此嚴格,以至於幾乎就要成為什麼都不相信的絕對懷疑論者。

知識的第一原理──我思故我在

笛卡兒發現,我們可以對外在世界加以懷疑,可以對自我懷疑,也可以對思想的對象懷疑,但是卻不能對「我在懷疑」這件事加以懷疑。否則要怎麼進行懷疑呢?而懷疑不就是一種思想嗎?在笛卡兒看來「我思故我在」是再清楚明晰不過了,因此,「我思故我在」就成了笛卡兒哲學的出發點。不過這裡的「我」,並不是指肉體上的我,而是會思想的心靈,思想被笛卡兒認為正是心靈的性質。笛卡兒找到了他認為不能懷疑的第一原理,也先證明了心靈的存在。「思想的自我」是笛卡兒心目中唯一的知識建立起點。

那麼，上帝呢？

笛卡兒身處基督宗教的環境之中，他很清楚當時人人都有「上帝」的觀念，但是上帝存在嗎？笛卡兒認為，「我」（這裡的「我」指的當然還是「會思想的心靈」）會對其他事物產生懷疑，但真正完美的存在是不會去懷疑的，所以「我」是不完美的、有限的。但是在這個有限的心靈之中卻有一個「最完美的上帝」的觀念，而不完美的「我」不可能是這一觀念的原因，「上帝」這個觀念只能來自最完美的上帝本身，所以上帝存在。笛卡兒對上帝的證明大抵沒有脫離中世紀聖多瑪斯的論述，但是上帝卻已經不再是知識大廈的基石。

心物二元論

但是這個世界並不是只有心靈和上帝，還有物質。笛卡兒認為物質世界的存在，並不是因為眼見為憑（這個理由一開始就被笛卡兒排除了），而是來自廣延的觀念。以三角形的事物為例，我們並沒有見過完美的三角形，但是我的心中的三角形觀念卻是明白而清楚的，笛卡兒認為這種廣延的觀念既非來自心靈本身，亦非來自外在事物，那麼必定是上帝放在我們的心靈之中。廣延並非心靈的性質，而是物質的性質。在笛卡兒哲學之中，便有心靈和物質兩種實體，這樣的想法被稱為心物二元論。但是這也留下了一個大問題，心靈和物質的關係是什麼？笛卡兒自己認為心靈和肉體有其交互作用，而其發生地點就在腦部中央的松果腺裡。

廣延

廣延指的是物體占據一定的空間和時間，我們難以想像一個不佔據時空的物體，而許多哲學家每每認為這是物體最為清楚的屬性，用以證明物體的存在。

什麼是松果腺？

笛卡兒時代的醫學知識還不清楚這個腺體的作用，而笛卡兒就把這個腺體當做是靈魂與肉體交互作用的場所。現在已經知道松果腺會分泌一種荷爾蒙，其作用是控制我們每天睡眠和清醒的週期。

笛卡兒哲學

我要小心避免倉促的判斷和偏見，只把那些清楚明晰的觀念呈現在我的心智之前，使我將根本無法懷疑的東西放進我的判斷。

笛卡兒

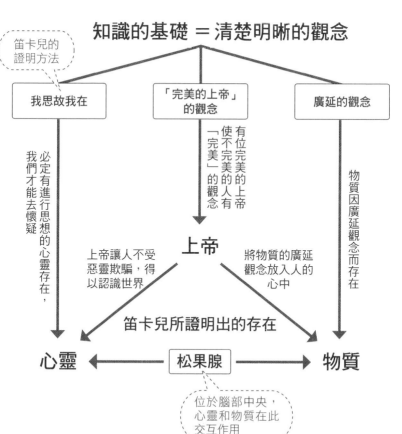

知識的基礎 = 清楚明晰的觀念

笛卡兒的證明方法

我思故我在

「完美的上帝」的觀念

廣延的觀念

必定有進行思想的心靈存在，我們才能去懷疑

有位完美的上帝使不完美的人有「完美」的觀念

上帝

上帝讓人不受惡靈欺騙，得以認識世界

將物質的廣延觀念放入人的心中

物質因廣延觀念而存在

笛卡兒所證明出的存在

心靈 ← 松果腺 → 物質

位於腦部中央，心靈和物質在此交互作用

理性論的發揚——史賓諾莎與萊布尼茲

在笛卡兒開啟了歐陸理性論之後，史賓諾莎和萊布尼茲分別以他們自己的觀念體系詮釋其哲學思想。不過後來兩位的理性論卻在從希臘就有的老問題上有了分歧：這世界是一還是多？

安貧樂道的西方顏回——史賓諾莎

　　顏回的簞食瓢飲、安貧樂道曾讓孔老夫子盛讚不已，在西方也有一位如同顏回般安貧樂道的哲人——史賓諾莎。史賓諾莎出生於阿姆斯特丹的猶太人家庭，他在猶太教的傳統下長大，但史賓諾莎並不喜歡猶太教的束縛，在二十四歲時就被逐出教會，也等於被猶太人逐出社群。從這時候開始，史賓諾莎就以磨製光學鏡片維生，但是他仍過著哲學與科學的研究生活。四十一歲時，海德堡大學曾邀他開設哲學講座，條件是不要發表跟宗教有關的言論，但史賓諾莎寧可保有思想上的自由而予以婉拒。可能是因為長期磨製鏡片的緣故，史賓諾莎在四十五歲就因肺病辭世。

實體即神、神即自然

　　史賓諾莎被逐出教會，就是因為他的哲學立場和猶太教義相衝突。史賓諾莎採用歐氏幾何的證明方法，從定義和公理開始一步一步推演證明他的哲學主張。他從實體的證明出發，認為實體是唯一、無限而且不可分割的存在，在史賓諾莎看來，實體就相當於神，不過史賓諾莎所指的神接近於自然整體。所以他認為神即自然，而非超越世界的人格神。實體具有無限的屬性，但因為人的能力是有限的，所以只能認識到思想和廣延兩種。而這兩種屬性具體的外在表現樣態就是觀念和物質，而且所有個別觀念和物質都是因果關係中的一個環節。我們或許可以把實體看成是一個大海，大海上的確會有高低起伏、泡沫浪潮、洋流漩渦，但那都只是大海的一部分，就像史賓諾莎把所有的個別事物都看成是同一個實體的不同樣態一般。

史賓諾莎的「倫理學」

哲學領域裡的「倫理學」通常談的是道德哲學，但是史賓諾莎的著作《倫理學》卻主要是對於形上學和知識論的思辨。不過史賓諾莎認為人的一切都是自然的一部分，所以應該要順應自然，這也是基於其形上學而來的倫理學主張。

身心平行論和嚴格決定論

在史賓諾莎看來，觀念和物質分屬於思想和廣延兩種不同屬性，並沒有辦法相互作用，那麼心與物如何相互影響？史賓諾莎認為既然思想和廣延其實屬於同一實體的不同樣態，所以兩者一定存在對應關係，這種說法被稱為「身心平行論」。而在其嚴格決定論的觀點（所有存在都處於因果關係之中而沒有例外）之下，史賓諾莎對於自由、必然和善惡有其獨特的看法。他認為自由和必然並不矛盾，因為人根本不可能從必然性之中逃脫，所以能「自覺的順應自然」便是自由，若「不自覺的被必然性所驅使」則不自由。而史賓諾莎對於善惡

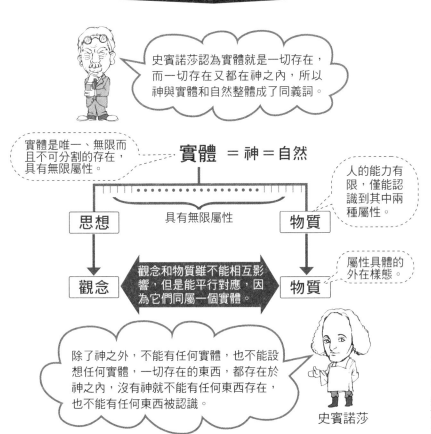

史賓諾莎哲學

史賓諾莎認為實體就是一切存在，而一切存在又都在神之內，所以神與實體和自然整體成了同義詞。

實體是唯一、無限而且不可分割的存在，具有無限屬性。

實體 ＝神＝自然

人的能力有限，僅能認識到其中兩種屬性。

| 思想 | 具有無限屬性 | 物質 |

觀念和物質雖不能相互影響，但是能平行對應，因為它們同屬一個實體。

屬性具體的外在樣態。

| 觀念 | | 物質 |

除了神之外，不能有任何實體，也不能設想任何實體，一切存在的東西，都存在於神之內，沒有神就不能有任何東西存在，也不能有任何東西被認識。

史賓諾莎

的主張則從「人類必定會保存自我」的最高原則出發，若能滿足此原則所產生的快樂就是善，而不能滿足的痛苦就是惡。因為自我保存能否達成會伴隨著情感，若人不能控制或緩和情感，進而被情感奴役，便陷入不自由。而對於神的認識伴隨著心靈的快樂和滿足，也能使人得以控制情感獲得自由，所以對神的知識帶領人通往最高的幸福。相信史賓諾莎一生就是在追求和實踐這種幸福。

哲學家、數學家、科學家─萊布尼茲

萊布尼茲的父親是萊比錫大學的道德哲學教授，他從小就開始研讀希臘和士林哲學。後來進入耶拿學院，學習數學和法學，二十一歲取得法學博士學位。畢業後在巴黎從事外交的工作，並在這個時期發明微積分。回到德國後創辦了法律學校和柏林科學學會（就是後來的普魯士科學院）。萊布尼茲的興趣和研究領域之廣由此可見，他還曾經嘗試組成基督教國家國際聯盟，說服當時歐洲大陸上的兩大帝國─俄國和法國（當時的俄皇是彼得大帝、法王則是路易十四）結盟，但是沒有成功。萊布尼茲對中國的思想也很有興趣，認為陰陽八卦和他創立的二進位數理符號系統相似。萊布尼茲曾任漢諾瓦公爵的顧問和圖書館館長，還因為擔任採礦工程師而提出地球起源於熔融狀態的假說。後來在漢諾瓦度過晚年，於七十歲時逝世。

單子論與預定和諧

萊布尼茲對於實體的觀念不同於史賓諾莎的一元論和笛卡兒的二元論，他將實體看成是組成世界的最小單位，這種說法像是原子論，但是萊布尼茲認為原子既然是物質，就一定可以無限分割下去，就永遠不會是最小，而且原子論無法說明心靈是怎麼回事；而史賓諾莎把所有的存在看成是同一實體的不同樣態，在萊布尼茲看來，這沒有辦法充分說明為何所有事物都有其不同之處。萊布尼茲把實體看成是非物質的、不可分割而且無限多的「單子」。萊布尼茲認為單子不是物質、沒有廣延。而有廣延的東西才能分出內外，有內外之分才能將外界的刺激在內部展現，所以單子不受外部影響。但是世界上的事物的確受彼此影響，萊布尼茲認為單子不受外界影響但是卻能組成世界，就是因為上帝預先的安排，他稱為「預定的和諧」。一切的變化都已內在於單子之中，每個單子都是一個小宇宙。

萊布尼茲與微積分

牛頓和萊布尼茲曾經為了究竟是誰先發明微積分而引發爭論。而現代的數學家一般認為，從他們各自的數學推導過程來看，牛頓和萊布尼茲應該是各自推導出微積分的，與抄襲無關。

單子論與預定和諧

下圖只是一個假想示意圖，因為萊布尼茲認為單子根本沒有形體。

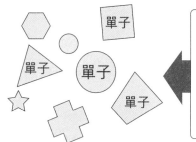

- 單子是一種組成複合物的單純實體。
- 單子沒有廣延、沒有形體。
- 沒有兩個相同的單子。
- 單子是完滿而自足的，單子的自足性成為它們內在活動的泉源，使它們成為無形體的自動機。

單子是自然界的真正原子，而上帝則是最初的單純實體，一切單子都是祂的產物，不論靈魂或形體都依循單子的內在規律而行，兩者的一致則是由於一切實體之間的「預定和諧」。

萊布尼茲

單子以預定和諧組成運作

事物各自獨立運行，不互相影響，卻能達到和諧一致。就好像房間裡的每個時鐘並不互相影響，但都預先被調整成相同的時間一樣。

英國經驗論─洛克、巴克萊、休姆

在近代歐陸的理性論當道之時，英格蘭卻發展出迥然不同的哲學立場。他們認為經驗才是人類知識的來源，英國經驗論不但在哲學上與歐陸理性論分庭抗禮，從經驗論立場出發的自然科學也取得了牛頓力學等傲人成果。

誰才是西方近代哲學之父？

前面曾經提過笛卡兒被後世視為近代哲學之父，而因為笛卡兒重建起知識大廈的方式是採取理性證明，所以他和其他同樣以理性推導為重的歐陸哲學思想都被稱為理性論、或理性主義。但是在隔海相望的英吉利群島上，大部分的哲學家們卻有不一樣的想法。英國哲學家大多不採取純粹以理性回應哲學問題、尋求知識基礎，而是以感官經驗為依歸。在這樣的想法下，以「我思故我在」建構心物二元體系的笛卡兒自然不是他們眼中的近代哲學之父，或許以感官經驗和歸納法建立英國經驗論傳統基礎的法蘭西斯培根才是英國經驗論者的適當人選。

實驗和歸納─培根

培根出身英格蘭貴族，他畢業於劍橋大學，歷任國會議員和大法官等要職，但因被指控收賄而下台。培根用實用性來重新衡量知識，他認為哲學和神學思辨固然有其價值，但真正的知識應該要滿足人類物質生活的實際需要。培根舉出了阻礙知識發展的四大偶像─種族（人類中心）、洞穴（主觀偏差）、市場（語義混淆）、

劇場（被既有理論所惑）。而亞里斯多德以來被廣泛運用的演繹法，在培根看來不是無法找到可靠的推論前提，就是與實際狀況脫節，只有從實際事物出發的實驗和歸納才是建立新科學必須的新工具。

心靈就像一塊白板─洛克

約翰洛克畢業於牛津大學，雖然是學習古典文獻出身，但洛克對實驗科學深感興趣。洛克後來擔任輝格黨領袖莎夫茨伯利的祕書，參加輝格黨的政治活動，也曾在光榮革命後的英國政府任職。洛克對於當時歐陸哲學家們藉以建立知識的天賦觀念加以批判，他認為上帝所給予人類的是獲得知識的能力，而不是觀念本身，人類只要運用上帝賦予的能力就能獲得知識。

洛克認為觀念的獲得是後天的，認識觀念的心靈就像是一塊白板，白板上面不可能憑空出現圖案，心靈也需要接受外在的經驗刺激才能產生觀念，但是他認為心靈本身自發的反省也是一種觀念的來源。洛克認為知識便是觀念與觀念之間的關係，一切的知識都建立在觀念的基礎之上。

洛克哲學

洛克

尚未經驗任何對象的人類心靈，就像一張白紙一樣—沒有經驗過紅色的盲人，不可能用理性反省得知什麼是紅色。

 ＝ 白紙

那人類心中的觀念是從何而來？人類的知識又是怎麼一回事呢？

感 官 ‥‥‥ 認識個別感覺對象

傳達知覺 ↓

心靈本身的反省

心靈

例如
黃、白、冷、熱、軟、硬、苦、甜…

產生

時的考察 運用觀念

產生

例如
思維、懷疑、信仰、推理，和其他心靈的各種活動…

可感性質的觀念　另一套無法從外界取得的觀念

由經驗而來的觀念構成了人類的知識

知識是導源於經驗的。我們對於外界對象的觀察、或是對於心靈內部活動的觀察，這兩者乃是知識的泉源，湧出了我們所能具有的全部觀念。

存在即感知—巴克萊

巴克萊出生於愛爾蘭，在二十五歲時成為牧師，任教於三一學院，後來成為愛爾蘭的教區主教。他曾到北美從事教育推廣的工作，今天加州大學的巴克萊分校就是以他為名。巴克萊承繼了洛克的觀點，認為人類知識的對象應該是觀念，洛克認為心靈中的觀念有外界刺激和內在反省雙重來源，但是巴克萊認為外在刺激的觀念來源難以做出清楚的理論說明，內在反省就沒有這個問題，所以他認為觀念的產生根本不需要外在的刺激。巴克萊否定獨立於心靈的外在物質的存在，觀念也並非是外在事物的反映，所以巴克萊認為：「存在就是被（心靈所）感知」。經驗的感覺對象不再是外在事物，而是心靈所認識到的觀念本身。所有觀念的產生和心靈與觀念之間的作用，則仍需要終極的精神實體—上帝。

破因果論證—休姆

休姆出身蘇格蘭貴族，在家人期望下曾於愛丁堡大學研習法律，但因不感興趣而輟學在家。他的興趣主要在於哲學方面，二十八歲時便出版了代表作《人性論》，但休姆在世時這部著作並未受到注意。他曾短暫從商，擔任愛丁堡法學院圖書館管理員、英國駐巴黎使館祕書和外交長官。休姆是徹底的經驗論者，反對傳統形上學和不能為經驗所感知的「實體」主張。休姆以經驗論的立場檢視所有的知識，看來像是替經驗科學開拓大道，但是他的質疑卻也動搖了科學賴以建立的基礎，因為既然在經驗論的觀點下所有的知識都要經由感官經驗獲得，那麼被深信不疑的因果律當然不能自外於這個經驗法則。但是休姆發現對於因果律的認識無法藉由經驗獲得，因為我們根本不可能經驗到因果律，因果連結的關係被休姆認為只是習慣和一種推測，這個想法被後世稱為「破因果論證」。

輝格黨

輝格黨是近代英國的政黨，強調中產階級的利益，與保皇色彩濃厚的托利黨相對抗。這兩個政黨也是今天英國工黨和保守黨的遙遠前身。

破因果論證

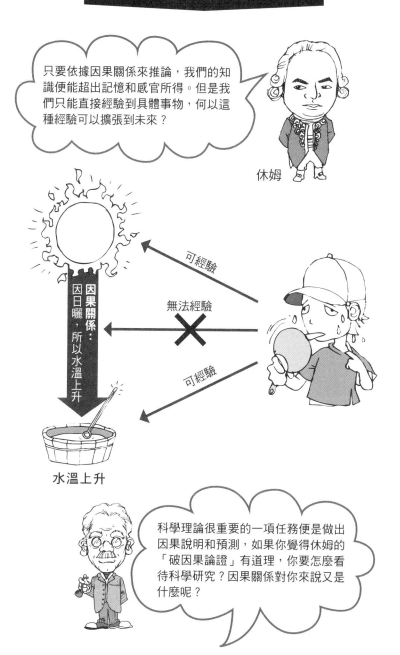

只要依據因果關係來推論，我們的知識便能超出記憶和感官所得。但是我們只能直接經驗到具體事物，何以這種經驗可以擴張到未來？

休姆

可經驗

因果關係：因日曬，所以水溫上升

無法經驗

可經驗

水溫上升

科學理論很重要的一項任務便是做出因果說明和預測，如果你覺得休姆的「破因果論證」有道理，你要怎麼看待科學研究？因果關係對你來說又是什麼呢？

從神權到民權──社會契約論

十七世紀以降，在政治哲學家的理念指導下，美國獨立革命和法國大革命不僅震動歐陸，對今日全球的政治體制更是影響深遠。若沒有近代的這一段歷史，我們今天的生活型態肯定大有不同。

政治體制正當性的轉移

因為中世紀時基督宗教的影響之故，掌管宗教事務的教宗甚至凌駕於國王之上，不過這兩者當然都還是必須依據神意和自然法來進行統治。在宗教勢力較盛的時代，代表國家政治權力頂峰的國王往往還需要教會加冕，才能獲得其正當性。但是當宗教和教會漸漸失去中世紀的權威地位，政治權威的正當性就不能再依附於上帝或是教宗的加冕，在這個時代的思想家們紛紛提出了社會契約論做為統治的理論基礎──政治權力並非來自上帝的恩許，而是來自人民的同意或付託。

以「利維坦」壓制「萬人戰爭」──霍布斯

霍布斯畢業於牛津大學，在英國的戰亂時期因支持保皇黨而流亡法國，並曾擔任法國王子的家庭教師，他於此時期完成了《利維坦》。在英國內戰結束後，霍布斯返回英國，於九十一歲逝世。霍布斯認為人類在進入社會生活以前，生活在一種「自然狀態」之下，而被稱為自然人。自然人必然依循兩項自然法則：一、使用一切手段保存自己；二、盡可能的維護自己的利益，必要時放棄那些別人也同意放棄的權利。霍布斯認為自然人按照第一條自然法則行事，必定進入「萬人對萬人的戰爭」的悲慘狀態。因為每個人的生命都受到威脅，所以根據第二條自然律，所有人被迫同意轉讓生命權以外的權利給統治者，由他以武力來保障所有被統治者的安全。霍布斯用聖經裡的大海怪「利維坦」來稱呼具有絕對權力和無上權威的國家。不過霍布斯不認為統治者是締約的任何一方，締結社會契約的是自然人，所以統治者不受契約限制，也不可被人民推翻。

天賦人權、民選政府──洛克

洛克不但是英國經驗論傳統的出色哲學家，他更廣為人知的思想建樹則是奠定了近代民主政治的理論基礎。雖然霍布斯已經提出社會契約論，但是因為保皇立場之故，使得他的社會契約論帶有濃厚的絕對王權色彩。洛克作為輝格黨人，雖然也採取社會契約論的說法，但目的是用以建構民主政治的正當性。洛克首先批判霍布斯的利維坦，他認為「利維坦」（擁有無上權威的國家）的專制之弊遠大於自然狀態之害。洛克並認為自然狀態並不會發生「萬人對萬人的

霍布斯—利維坦

 進入社會生活之前 ➡️ 在自然狀態下的自然人

 第一條自然法則 ➡️ 用一切手段保存自己的生命

霍布斯

> 人類為了求利、求名、求安全，若沒有一個使大家懾服的權力，人們就會處在戰爭狀態之下。而這種戰爭是每一個人對每一個人的戰爭，人的生活因而孤獨、貧困、卑劣、殘忍、而且短壽。

第二條自然法則 ➡️ 為維護自己的最大利益，必要時放棄那些別人也願放棄的權利。

交出生命權以外的所有權利

具有絕對權利的「利維坦」 ＝ **統治者** ➡️

「利維坦」是舊約聖經裡的大海怪，霍布斯用牠來稱呼有絕對權力和無上權威的國家。

保障人民的生命安全

PART5 近代西方哲學

97

戰爭」，而會是平等地享有生命、自由、財產等自然權利的狀態。不過因為財產權的認定可能會發生衝突，所以需要公正裁判者來解決爭議，這也是統治者所應該扮演的角色。洛克認為生命、自由、財產等自然權利是不可轉讓也不可剝奪的權利，所以人們並不是將生命權以外的權利全部轉讓出去，而是將對於財產權的判決和執行權轉讓給統治者。這個統治者是從締約者之中推選出來的，所以也是締結契約的一方，如果他不履行社會契約，人民甚至有權利推翻他的統治，另選一位統治者。

服從普遍意志才是真自由─盧梭

　　盧梭出身於日內瓦的一個鐘錶匠家庭，少年時頗為潦倒。三十歲時在巴黎結識許多文士學者，那時他還藉著抄寫樂譜為生。在此時期他寫成《社會契約論》、《愛彌爾》等書，但其著作後來被巴黎法院查禁，並下令逮捕。盧梭逃往英國投靠休姆，但因為有所猜忌，又返回法國，最後在貧病之中離世。盧梭認為單純為了建立國家所制定的社會契約，反而會加深社會上的不平等；所以應該要締約建立保障人民自由平等的國家，這才是真正的社會契約。相對於霍布斯和洛克都只是將部分的權利轉移給締約後的代理人，盧梭則認為締約時應把所有人的權利都轉讓給所有人，而且主權仍舊在於締約者，統治者只不過是代理而已。在盧梭的社會契約論中，統治者必須被「普遍意志」（或譯為「公意」）所導引，「普遍意志」指的是全體締約者的公共人格，而非個別意志的總和，這是一種從公共利益出發、永遠公正無誤的意志。盧梭認為普遍意志的具體形象，就是保障平等的法律和使人民享受自由的政體，個人既然締結社會契約，就應該服從普遍意志。而且個人聽從慾望行事並非自由，唯有服從自己所制定的法律才是真自由。後來法國大革命時的各派領袖都以盧梭信徒自居，主權在民的想法也成為民主政治的共通信念。

洛克與盧梭的社會契約論

國家有權對社會成員所犯的罪行規定其應得的懲罰，但這都是為了保護所有社會成員的財產。

洛克

統治者 ＝ 公正裁判者

統治者由人民推舉

社會契約

保障人民的財產權

交出對於財產的判決和執行權

人民

生命、自由、財產等權利都是不可讓渡的

我們每一個人都把自己放在普遍意志的指揮之下，我們也是這個整體不可分的一部分。

盧梭

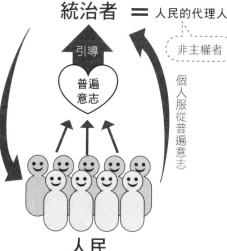

統治者 ＝ 人民的代理人

非主權者

引導

普遍意志

實行平等的法律

個人服從普遍意志

人民

所有人把權利轉讓給所有人，締約的人民仍舊是主權者

哲學新思潮的開啟者──康德

在近代哲學理性論和經驗論的對立之下，一個身處普魯士邊陲的大學教授，默默的以三大批判的創作，開啟了哲學思潮的新時代。

平實無華的大學教授

康德出生於普魯士哥尼斯堡（位於今日的俄國境內）的一個馬鞍匠家庭，二十一歲康德在哥尼斯堡大學畢業，三十一歲於哥尼斯堡大學任職，六十二歲當上校長，他一生幾未離開哥尼斯堡，直到八十歲過世。康德早年研究的重心是數學、天文學和化學，但後來康德的學術興趣轉向哲學、宗教、人類等領域。康德的一生極為刻板平靜，但他最有名的三部哲學著作分別對應著真、善、美而撼動了幾乎所有哲學領域：《純粹理性批判》的先驗哲學引領了後來德國觀念論的風潮；《判斷力批判》提出了精緻深刻的美學理論；而《實踐理性批判》所提出的道德哲學，更是義務論哲學的典範。

先驗哲學──為人類知識劃出界線

康德時代的歐洲哲學，正處於理性論和經驗論的爭論之中，康德面對這樣的衝突，他曾說：「沒有內容的思想是空洞的，沒有概念的直觀是盲目的」。康德認為兩派看法都有不足之處，他接受知識必須來自經驗，但他也肯定人類的理性推導能力。康德認為問題的關鍵在於認知知識的主體；要問人知道什麼，不如先問人能知道什麼，因為人的主體條件決定了他能夠認知到的對象。知識是通過感性、悟性到理性等三種能力而被人們掌握：感性能力透過外在事物的刺激接受到事物的各種現象、悟性是運用概念掌握感性所提供的材料、理性則是運用推理進行邏輯思維。康德認為知識是經驗和主體先驗（先於經驗的）條件的綜合產物，因為我們必定受到外界刺激才產生經驗內容，所以我們能夠確定有外在事物的存在，而過去形上學所處理的超驗（超出經驗）對象──像是上帝和靈魂，不可避免的會碰到矛盾而無法得到確定的知

哲學家之路

康德一生過得非常規律，他每天下午都會在一條菩提樹小道上散步，由於散步的時間固定，所以附近的居民都以看到他的時間來為自己的鐘錶對時。這一條路今天還在，就被稱為哲學家之路。

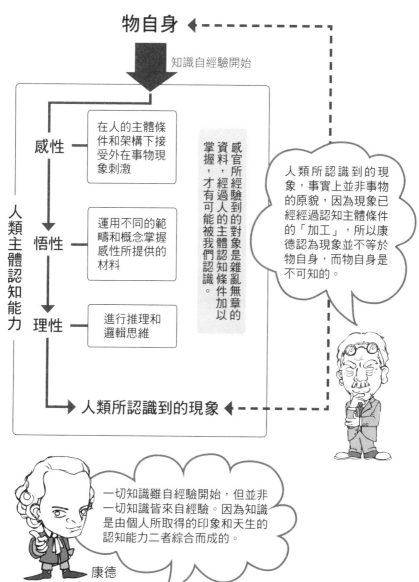

現象≠物自身

物自身

知識自經驗開始

人類主體認知能力

感性 —— 在人的主體條件和架構下接受外在事物現象刺激

悟性 —— 運用不同的範疇和概念掌握感性所提供的材料

理性 —— 進行推理和邏輯思維

感官所經驗到的對象是雜亂無章的資料，經過人的主體認知條件加以掌握，才有可能被我們認識。

人類所認識到的現象，事實上並非事物的原貌，因為現象已經經過認知主體條件的「加工」，所以康德認為現象並不等於物自身，而物自身是不可知的。

人類所認識到的現象

一切知識雖自經驗開始，但並非一切知識皆來自經驗。因為知識是由個人所取得的印象和天生的認知能力二者綜合而成的。

康德

識。也因為我們所認知到的現象經過人類主體的影響，所以康德認為我們無法得到任何關於外在事物的實際知識，他將真正存在的稱之為物自身（或譯為物自體）。康德解析了獲取知識的主體能力和條件，但是認為知識只不過是物自身的表象，而留下了物自身不可知的看法。

物自身與德意志觀念論

康德對實體的稱呼是物自身，但是這也引發後康德時期的論爭：物自身究竟是什麼？它真的存在嗎？若取消康德哲學中的物自身，其先驗哲學因為強調人的主體條件，所以很容易發展為觀念論。費希特、謝林、黑格爾三位德意志觀念論者在康德哲學之後各自有其不同的回應和發展：費希特與笛卡兒同樣都從自我出發建構其觀念論、謝林著重絕對同一的觀念、黑格爾則是發展出絕對精神的想法。

義務論的道德哲學奠基者

康德對道德的看法，到今天還是義務論道德哲學的典範。康德認為我們如果在道德上稱讚一個人的行為，並非是該行為帶來好的結果，因為如果他這麼做的目的是為了某些好處、興趣、或避免譴責，即使帶來好處，那都稱不上道德。只有僅僅為了義務本身（就是應該這麼做！）而無條件的行為，才是道德的。所以康德認為只是單單遵守規定並非道德，只有遵守自己的善意志、出於義務而做的自律，才是道德的。善意志的自律康德稱之為定言令式，因為道德的行為不應有任何條件，但是康德並沒有具體指哪些是道德的行為，他提出的是一個形式的標準，就是「按照那些同時可以成為普遍規律的規則行事」。有人認為這和「己所不欲、勿施於人」的意義相去不遠，但是康德建立了一個更為普遍的理性基礎。

先驗
先驗是先於經驗而作用於經驗。比方說蒼蠅的複眼本身並不是蒼蠅的經驗內容─牠不可能看到自己的複眼，但是牠的複眼卻對他的視覺經驗產生影響，蒼蠅所看到的世界和人類眼睛所看到的就不一樣。康德用「先驗」的概念去談人的主體認知條件。

定言令式
定言令式其實是一個文法上的用語。定言和假言相對，假言是「若……則……」的條件句、定言則是一般的直述句，而令式就是命令式。所以定言令式就是直述的、沒有條件的命令式，所以定言令式又被稱為絕對命令、無上律令。

理性三大問題

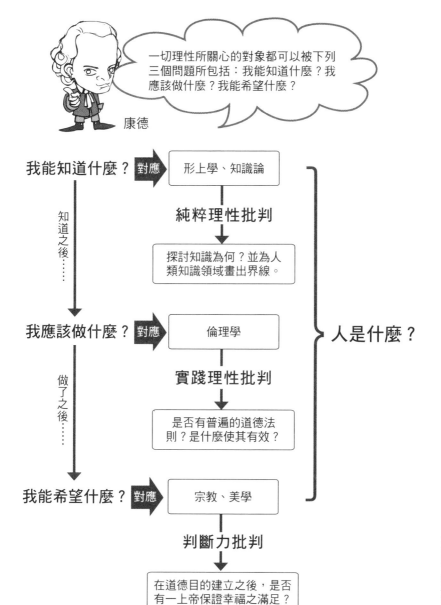

一切理性所關心的對象都可以被下列三個問題所包括：我能知道什麼？我應該做什麼？我能希望什麼？

康德

我能知道什麼？ 對應 形上學、知識論

知道之後……

純粹理性批判

探討知識為何？並為人類知識領域畫出界線。

我應該做什麼？ 對應 倫理學

做了之後……

實踐理性批判

是否有普遍的道德法則？是什麼使其有效？

我能希望什麼？ 對應 宗教、美學

人是什麼？

判斷力批判

在道德目的建立之後，是否有一上帝保證幸福之滿足？

德意志觀念論的巨人──黑格爾

在康德之後，哲學家紛紛對其哲學加以回應，德國哲學漸漸走上觀念論，歷經費希特、謝林，最後在黑格爾手上完成了燦然大備的德國觀念論體系。

德意志觀念論的泰山北斗

黑格爾出生於一七七〇年，他在杜賓根大學神學院就讀時和詩人荷德林以及哲學家謝林同一個寢室。在大學畢業以後，黑格爾在瑞士和法蘭克福做了七年的家庭教師，三十歲左右在耶拿和謝林共同創辦了《哲學評論》，兩人常共同發表文章。次年開始在耶拿大學任職，後來當拿破崙大軍橫掃歐陸，在耶拿城破之際完成了《精神現象學》，黑格爾也因而離開耶拿轉往紐倫堡擔任了八年的中學校長。四十八歲時擔任柏林大學教授，五十九歲被任命為該校校長，柏林大學成為德國哲學的重鎮，黑格爾哲學更成為德國當時最有影響力的哲學。六十一歲因當時流行於柏林的霍亂而逝世。

龐大的辯證哲學體系

黑格爾哲學以龐大晦澀著稱，因為他認為哲學或者真理並不是一個結論，也不是對個別事實的判斷。黑格爾認為真理是辯證發展的整個過程，像是歷史上每個哲學家都提出一套哲學體系，但是又被其他哲學所推翻，黑格爾認為事實上每一個哲學體系都包含了片面的真理，而所有存在的事物也都只是真理顯現它自己的一個環節。所以黑格爾哲學幾乎處理了所有的哲學領域：形上學、知識論、自然哲學、倫理學、法政哲學、藝術哲學、歷史哲學、宗教哲學、哲學史，而且以辯證法做為所有領域的發展原則。

絕對精神的自我實現

黑格爾哲學所論述的是辯證運動的主體在各個領域的辯證發展中進而實現並且完善自己的歷程。每一個單獨的辯證環節也都只是片面的，只有整體才是全面而絕對的，黑格爾將此一主體稱為「絕對精神」。從其「哲學科學百科全書」的內容可以看到，黑格爾從純粹存在開始論述所有的抽象範疇，構成了第一部分的邏輯學；然後論述絕對精神在外在客觀世界的發展，構成了第二部分的自然哲學；最後則是第三部分的精神哲學，亦即絕對精神在人類精神領域的發展。黑格爾將所有存在都包含在其絕對精神的辯證發展歷程之內，不但是德意志觀念論、更是理性時代的極致。

絕對精神的辯論發展

黑格爾

真理是全體，是通過自身發展而完滿的那種本質。除了真實的東西表述為實體，更應該注意到它是建立自身的運動主體，而非僅為一個靜止的點。

絕對精神的辯證發展

精神哲學
討論絕對精神在人類精神領域的發展

- 絕對精神　無限和完全自由的精神發展
- 客觀精神　精神所創造的社會秩序
- 主觀精神　人類精神的自我認識

自然哲學
討論外在客觀世界的發展

- 有機物理學　地質學和生物學
- 無機物理學
- 數學

邏輯學
討論存在的各種抽象問題

- 概念論
- 本質論
- 存在論

花朵開放時花蕾消逝，人們會說花蕾是被花朵否定的，而結出果實時花朵又被認為是一種虛假的存在形式……雖然它們互不相容，但是它們在有機統一體中並不相互牴觸、而且彼此都是必要的，也正是如此才構成整體的生命。現實不僅只是結果或目的，而是結果連同整個產生的過程。

資本主義的反省──馬克思

二十一世紀的今天，共產主義國家的數量已經不再像二十世紀那樣驚人，但是社會主義思想卻少有國家膽敢忘卻。而提到對資本主義社會的反省時，最讓人不能忽視的一位，便是卡爾馬克思。

貧困的共產主義之父

馬克思出生於德國特利爾的猶太家庭，父親是頗有名望的律師。十七歲時進入波昂大學學習法律，但他在學校上的大多是哲學和歷史的課程，二十三歲時在耶拿大學成為哲學博士。隔年馬克思開始在《萊茵報》工作，半年後成為總編輯，但是因為批判政府的言論不為當局所容，不久就在壓力下去職，離開普魯士。馬克思在巴黎創辦《德法年鑑》雜誌，並且結識了恩格斯，但又被法國政府驅逐。後來他在比利時成立了世界上第一個共產黨，共有十七名成員，比利時政府也驅逐了馬克思。三十一歲起馬克思大多待在倫敦，專心撰寫哲學和政經社的著作，也與同志爭論共產理念。但是馬克思的生活卻過得困苦悲慘，他的許多子女都逃不過夭折的命運，他鎮日埋首於大英博物館中撰述《資本論》，但經濟上甚至要仰賴恩格斯的捐贈。馬克思最後仍未能完成《資本論》，在六十五歲辭世。馬克思在哲學、社會學、政治哲學、經濟學等領域都有極為重要的影響，他對資本主義社會的反省與批判直到今日仍是左派運動的泉源活水。

人與勞動的關係

馬克思認為人必定要和這個世界發生關係，因為人的貧乏使他必須依賴並且利用這個世界。但世界並不是為人準備好的，人還需要以勞動加工製造出自己可用之物，人不但藉由勞動改造世界，也藉由勞動實現自己。勞動是人的基本活動，勞動的產品則是人的客觀具體表現。但是在資本主義社會中，人卻只為了工資而勞動，而且因為資本家追求最大利潤，必定會將工資盡可能壓低，對沒有資產的工人加以剝削。人的勞動和勞動的產品都成為不屬於自己的他人私產，而與自我對立，馬克思將其稱之為「異化」。在資本主義社會中，人不是

左派與右派

左派與右派的區別是來自法國大革命前的國民會議，當時激進改革的代表坐在會場左邊，保守代表則坐在右邊，左派（改革派）與右派（保守派）因此得名。而從社會經濟的角度來說，我們也會用右派來稱呼注重資方利益者，而注重勞方利益者則為左派。

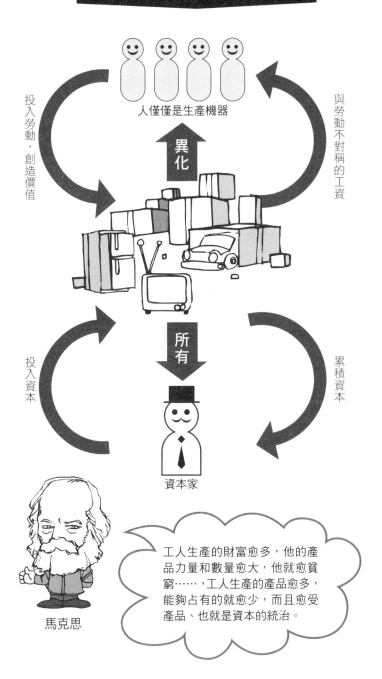

馬克思對資本主義的批評

人僅僅是生產機器

投入勞動，創造價值

與勞動不對稱的工資

異化

投入資本

所有

累積資本

資本家

馬克思

工人生產的財富愈多，他的產品力量和數量愈大，他就愈貧窮……，工人生產的產品愈多，能夠占有的就愈少，而且愈受產品、也就是資本的統治。

人，人的存在價值只不過是一部生產機器，人不再能夠藉由勞動實現他自己。在馬克思看來，資本主義社會包含了自我毀滅的因子，人類社會必定會脫離資本主義社會進入無產階級社會，這也是馬克思眼中「各盡所能、各取所需」的人間天堂。

重要的是去改變世界─共產黨的成立

馬克思曾說「哲學家們只是以不同的方式解釋世界，但重要的是，改變它。」如果馬克思只是提出自己的看法，也許只是又一個僅在學院裡被討論的哲學主張，但是他不僅提出資本主義制度的理論分析、人在資本主義社會中生存處境的反省，更親身組織共產黨，在一八四八年發表〈共產黨宣言〉，試圖喚起無產階級推翻資產階級的統治。不過共產主義革命並未如同馬克思所預想，發生在資本高度集中的國家，反倒多半發生於資本主義尚未發達的第三世界；像是俄國和中國兩個古老帝國，就在二十世紀先後成為共產主義國家。但馬克思在世時就曾對其他工人運動組織的主張多所批判，史達林、毛澤東所實現的共產主義，和馬克思的初衷更可說大異其趣。在德國甚至有這樣的說法：「是共產黨的一定沒唸過馬克思；唸過馬克思的則一定不會是共產黨。」對馬克思理解的障礙除了厚厚三大本艱澀的《資本論》，或許更需要擺脫成見糾纏的努力。

唯物辯證法

馬克思也以辯證法來看待世界的變動和發展，但馬克思不認為有所謂絕對精神，而是用以解釋生產力與生產關係的進展。譬如人類原來處於封建社會，但是封建社會的生產關係無法與蒸汽機這種新的生產力相容，所以原來的封建社會就辯證發展為資本主義社會。

〈哥達綱領批判〉與德國的社會民主黨

馬克思對其他工人組織的批判最為有名的稱為〈哥達綱領批判〉，因為他批判的對象就是〈哥達綱領〉，這是當時兩個工人運動組織合併時的宣言，合併後稱為社會民主黨（SPD），也就是一九九八年以來德國的執政黨。

馬克思的人類社會發展歷程

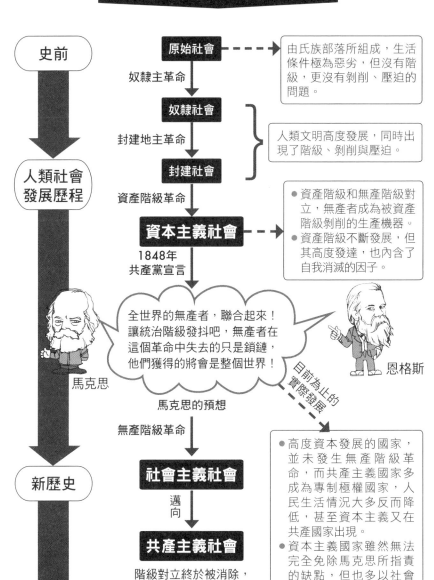

史前

原始社會 ⤍ 由氏族部落所組成，生活條件極為惡劣，但沒有階級，更沒有剝削、壓迫的問題。

奴隸主革命

奴隸社會

封建地主革命 ⎫ 人類文明高度發展，同時出現了階級、剝削與壓迫。

封建社會 ⎭

人類社會發展歷程

資產階級革命

資本主義社會 ⤍
- 資產階級和無產階級對立，無產者成為被資產階級剝削的生產機器。
- 資產階級不斷發展，但其高度發達，也內含了自我消滅的因子。

1848年
共產黨宣言

全世界的無產者，聯合起來！讓統治階級發抖吧，無產者在這個革命中失去的只是鎖鏈，他們獲得的將會是整個世界！

馬克思

恩格斯

目前為止的實際發展

馬克思的預想

無產階級革命

社會主義社會

邁向

共產主義社會

階級對立終於被消除，一切社會資產為社會全體成員共同佔有，也為全體社會成員謀利。

新歷史

- 高度資本發展的國家，並未發生無產階級革命，而共產主義國家多成為專制極權國家，人民生活情況大多反而降低，甚至資本主義又在共產國家出現。
- 資本主義國家雖然無法完全免除馬克思所指責的缺點，但也多以社會福利政策做為因應和修正。

上帝已死，一切價值重估──尼采

尼采的哲學不像學院哲學家那樣著重觀念的推演證明，也不關心這個世界是否存在。他更關心生命，並對既有的文化傳統多所批判，尼采致力於尋求人類的新文化和人生的新價值。

孤獨的哲學家

尼采出生於新教的牧師世家，大學時代學習神學，後來轉而學習語言學，才華洋溢的他二十五歲便成為語言學教授。不過因為思想上的轉變，後來尼采的朋友對他多因不能了解而與之疏遠，尼采也對原先多所推崇的哲學家叔本華和音樂家華格納轉為批判。尼采三十五歲時因病辭職，開始遊走歐陸各國，進行寫作和養病的孤獨生活，直到十年後出現精神疾病症狀為止，五十六歲在威瑪逝世。尼采的著作多半以小說、自述、短文與警語的方式呈現，他的論述方式和傳統的哲學家大不相同，蘇格拉底更被他認為是希臘文明墮落的開始，因為在尼采看來，這些所謂的哲學家根本是否定了生命的意義、忽略了生命的豐富真實而僅是沉思。尼采的寫作風格和思想主張，使他飽受爭議，但如果我們把蘇格拉底看成是雅典的牛蠅，尼采何嘗不是兩千年來歐洲文明的大牛蠅？

上帝已死

尼采最廣為人知的主張便是「上帝已死」。其實對上帝的質疑並不是從尼采開始，尼采也並沒有對上帝的存在論證做出什麼反駁，他只是在作品裡安排了一個瘋子，在市場中喊道：「上帝被我殺死啦！」這實在談不上什麼論證或者說理，但尼采關心的並不是上帝存在與否的神學問題，而是作為西方文明基石的基督教道德觀和價值觀。尼采將道德區分為主人道德和奴隸道德，基督教否定權利、享受、財富，尼采認為這些都是弱者對自身的侷限和扭曲，根本沒有什麼神聖的道德意涵，更違背了自我的意志。他認為慣有的善惡觀念根本應該顛倒過來：傳統所認為的德行是弱者的遁辭，是一種屬於奴隸的道德；而原本不被認可的那些積極奮進的行為才是能夠自我主宰的真正德行。

雅典的牛蠅

當初蘇格拉底在受審判時，曾經以牛蠅自喻。他對陪審團說：「這個國家好比一匹碩大的駿馬，可是由於太大以至於行動遲緩，需要一隻牛蠅不時叮牠，使牠精神煥發。而我，就是神賜給這個國家的牛蠅。」

尼采的道德觀

基督

你們對基督教總是在枝微末節的事上做文章，像是上帝的存在、基督教的天文學和自然科學─但對於基督教所提供的道德價值卻不加反省的接受！

尼采

尼采眼中的基督教道德觀

- 人是有罪的，人的自然本能均被視為罪惡。
- 「憐憫的愛」被視為道德的普遍原則。
- 人們所處的世界是短暫的過渡，人應成為上帝的奴僕以追求永生。

尼采的道德觀

- 人的自然本能不是罪惡，卑怯而無生氣的行為更不該是美德。
- 憐憫不是道德的普遍原則，因為生命本來就該是戰鬥、進取的。
- 人應成為一個創造者、一個超人。

奴隸道德

只不過是弱者的自我侷限和扭曲

主人道德

人應做自己的主宰，而非他人的奴隸

人類怎樣才能提升到顯赫和力量的顛峰呢？他一定要置身於道德之外。因為道德的本質正是要阻止或摧毀這樣的發展，而弱者和平庸之人必然群起抵抗生命和力量的光輝。

權力意志

　　尼采認為權力意志（又譯為強力意志、衝創意志）是生命的基礎力量，是人類的真實存在，也只有「超人」能夠完全擺脫奴隸道德，按照權力意志行動。這意味著人類必須自我超越和自我救贖，而非仰賴宗教的福音。尼采在《查拉圖斯特拉如是說》中，曾經以三種變化來描述精神從駱駝蛻變成獅子，再變為嬰孩的過程，說明了他對於舊文化、舊價值的反抗、批判和創新：超人精神一開始是負重行遠的駱駝；但走進沙漠後，精神碰見了全身寫滿「你應該」的巨龍，巨龍說：「一切價值都已被創造」，精神化身為勇健兇猛的獅子，並對巨龍說「我要」，獅子為了主宰自己的沙漠而與巨龍爭勝；最後，精神要變為小孩，因為小孩是天真與遺忘，象徵一個新的開始—失去世界的人重新獲得自己的世界。尼采以生命和權力意志做為標準重估一切價值，對整個西方文明做出深刻的批判。

死後方生

　　尼采正好死於十九世紀的最後一年，到了二十世紀尼采的確發生極大的影響—也包括被人誤解和扭曲。存在主義、後現代主義、佛洛伊德、傅科、德希達，各種當代思潮和許多哲學家都從尼采的作品中獲得啟發。不過使尼采更為聲名大噪，同時也為他帶來污點的，則是二次大戰時納粹對尼采的扭曲和推崇—事實上，尼采反對極權國家和任何形式的種族主義。後來在紐倫堡審判戰犯時，尼采甚至被視為納粹意識型態的主要人物。另一方面，因其文采與旺盛生命力量的表達，在銷路總是欠佳的哲學書籍中，尼采的作品在普羅大眾中流傳甚廣，成為許多人的精神食糧。尼采曾說天才「死後方生」，這的確符合生前孤寂，死後卻大放異彩的尼采一生。

叔本華的意志哲學

尼采早先所推崇的叔本華，其所主張的也是一種意志哲學，他是約與黑格爾同時的德國哲學家，叔本華主張一切現象都是形上意志的展現，而意志是一種追求滿足但永無饜足的盲目衝動，所以所有的快樂都是暫時的，最終都會轉為厭倦。面對意志的奴役，叔本華認為只有藉由審美心境、或是完全禁慾才能得到解脫。

6

驚奇之旅（三）
當代西方哲學

哲學在新時代裡並沒有稍緩思索的腳步，而且益發多采多姿。當代西方哲學可以大致劃分為英美哲學和歐陸哲學兩大陣營─著重語言分析是英美哲學的主要特色；源於德國的現象學，則影響了戰後的存在主義、詮釋學等歐陸哲學。法蘭克福學派和後現代思想家對看似進步的現代西方文明加以反省，在當代取得驚人成果的科學也成為哲學探索的對象，而法政哲學則是哲學家們在實踐領域中所展現最深刻的入世關懷。

學習重點

- 英美和歐陸哲學有什麼不同？
- 現象學是什麼？
- 詮釋學是什麼？
- 存在主義是什麼？
- 法蘭克福學派有什麼特色？
- 結構、解構、後現代是什麼意思？
- 維根斯坦和分析哲學的關係

你將認識

- 胡塞爾 • 海德格 • 高達美 • 沙特 • 西蒙波娃
- 霍克海默 • 馬庫色 • 傅柯 • 德希達 • 哈伯瑪斯
- 卡爾波柏 • 孔恩 • 費耶阿本德 • 維根斯坦 • 約翰彌爾
- 海耶克 • 約翰羅爾斯 • 奧斯丁 • 凱爾生 • 哈特 • 德沃金

當代哲學的特色

當代西方哲學主要可以劃分為英美和歐陸兩大陣營。除了傳統哲學議題的當代回應，哲學對於理性、自由、科學等現代社會的許多核心價值和信念也多所反省。

哲學思潮和變動的世紀

　　西方社會在二十世紀的變動可說前所未有，科技和資本主義的發展，改變了千年來的生活型態，一切似乎處於進步之中；但是另一方面，二十世紀的兩次世界大戰歐洲都是主要戰場，造成了史無前例的死傷與財物損失，一個進步的社會怎麼會有這樣的結果？法蘭克福學派和後現代思想家們從不同角度對現代社會提出質疑及批判；存在主義對人類存在處境的反省，則提供了戰後歐洲人民心靈上的超越與寄託。戰後世界大致上可分為自由主義和共產主義兩大陣營，進行了長年的冷戰，雖然此一局勢不能輕易簡化為完全由於哲學思辨所致，但是哲學與這個時代的變動仍緊密相連。

英美哲學和歐陸哲學的區分

　　當代西方哲學常被區分為英美哲學和歐陸哲學—歐陸哲學主要延續之前的抽象思辨傳統，而英美哲學則

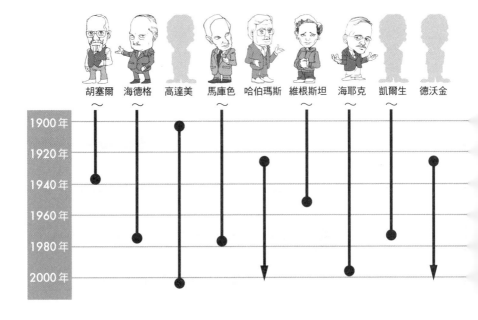

	胡塞爾	海德格	高達美	馬庫色	哈伯瑪斯	維根斯坦	海耶克	凱爾生	德沃金

1900年
1920年
1940年
1960年
1980年
2000年

以語言分析哲學做為主要特色，但是這樣的區分在二十世紀中後期才能成立，這個區分也不是那麼嚴格而絕對，甚至在分析哲學的創始人中，弗雷格和維根斯坦兩位都出身歐陸。分析哲學和歐陸哲學一開始同樣關注邏輯和語言等問題，但歐陸哲學如現象學是從語言意義問題進入對意識結構的分析，以現象學方法建立意向性理論和先驗哲學體系；而分析哲學家們則通過對語言意義的邏輯分析與澄清，試圖解決傳統哲學的問題，促成二十世紀哲學「語言的轉向」。

哲學與其他學科的交融

二十世紀的哲學理論與人文社會學科之間關係密切，而不僅止於哲學領域內的抽象思辨，當然部分原因是由於許多學科在新時代裡紛紛取得獨立地位—在亞里斯多德的時代，哲學的範圍要比今天廣泛得多。對於現代其他領域的學科，哲學或者應用其研究成果、或者受到啟發、或者對其賴以成立的基礎進行反思。例如結構主義思潮起源於語言學和人類學研究；哈伯瑪斯的溝通行動理論涉及了哲學、社會學和語言學；德希達的解構主義類近於一種文學批評理論；孔恩的科學哲學研究不限於邏輯和命題分析，而是在科學史的基礎上，解釋科學家思維方式的社會文化背景。

哈特　羅爾斯　卡爾波柏　孔恩　費耶阿本德　沙特　西蒙波娃　傅柯　德希達

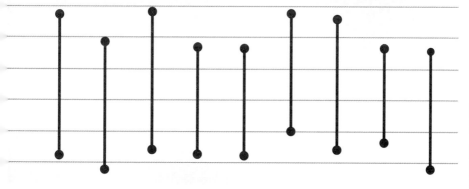

回到事物本身──現象學

面對自然科學的成就和哲學的發展，胡塞爾認為歐洲學術事實上身陷危機之中，而現象學能夠提供此一危機的解決方案；另一位以現象學聞名的哲學家海德格則轉向關心人的存在問題。現象學除了對後來的哲學發展影響深遠，也對其他社會科學多所啟發。

胡塞爾的生平

　　胡塞爾是猶太裔的德國哲學家，曾在萊比錫和柏林大學學習數學和哲學，後來在維也納大學獲哲學博士。胡塞爾任教於哥廷根、弗來堡大學，但在一九三三年希特勒上臺後因其猶太血統而被革除教職、限制行動，於五年後病逝。他認為任何一門科學都應該以現象為對象，傳統哲學離開現象而設定了一個不可知的領域，僅能依靠思維推理探求；而經驗科學則以數學化的理論模型理解世界，忘卻了世界本來面貌，他認為這些都是不妥當的錯誤發展。胡塞爾和近代的笛卡兒一樣，認為我們應該先對一切都抱持質疑的看法。不過笛卡兒是以「清晰和明確的概念」來建立知識大廈，而胡塞爾則認為應該「回到事物本身」，將哲學建立為一門嚴格的科學。

現象學還原

　　胡塞爾「回到事物本身」的現象學，是要對呈現在意識之中的現象做內省和描述。他認為問題並非在於我們所認識到的對象是否存在，而是這個對象是不是就是「事物本身」，並且把「現象對意識所顯現的內容是否純粹」做為判斷標準。胡塞爾以他稱為「現象學還原」的方法，排除各種先入為主的信念，還原意識中事物的本來面目。這個分析的過程最後得出「意識」的基本結構，胡塞爾稱之為「意向性」：外物不可能存在卻不被意識到，而且也不可能有不意識到外物的意識也就是說，意識總是意識到外物。胡塞爾藉著對於意識結構的分析，解決了笛卡兒以來的心物二元對立問題。另一方面，胡塞爾認為我們總是透過理論和概念來理解世界，所以他也對歷史中所形成的理論和概念世界加以「還原」，並用「生活世界」來稱呼這個先於理論，而被我們直接經驗的世界。現象學揭示了意向性、意識和生活世界的基本結構，而哲學的中心課題就是要探索這個生活世界與主體的內在意識，對各式各樣的現象進行描述、分析和理解。

胡塞爾的現象學

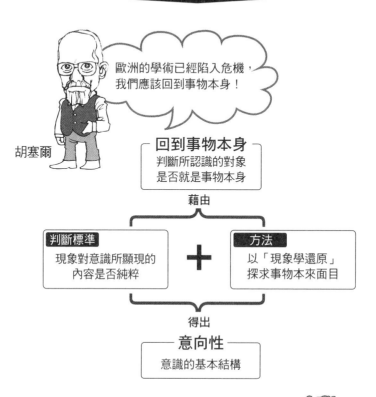

歐洲的學術已經陷入危機，我們應該回到事物本身！

胡塞爾

回到事物本身
判斷所認識的對象
是否就是事物本身

藉由

判斷標準
現象對意識所顯現的
內容是否純粹

＋

方法
以「現象學還原」
探求事物本來面目

得出

意向性
意識的基本結構

意識

若沒有認識到外物則空空如也

認識 ➡ 外物

傳統哲學對於「意識」與「人與世界的關係」的看法

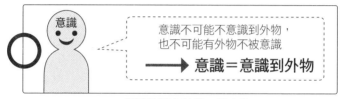

意識

意識不可能不意識到外物，
也不可能有外物不被意識

➡ **意識＝意識到外物**

意識的基本結構＝意向性

海德格的生平

海德格出生於南德的一個天主教家庭，二十三歲時取得弗來堡大學哲學博士。任大學講師時期擔任胡塞爾的助教，於此時受教於胡塞爾，胡塞爾曾將海德格視為是他現象學的衣缽傳人，海德格也將其主要作品《存在與時間》獻給胡塞爾，但胡塞爾看完作品後卻認為這本書並非現象學的著作。納粹興起後，海德格隨即加入，並於納粹執政時期短暫擔任弗來堡大學校長，宣佈與身為猶太人的老師胡塞爾斷絕關係，雖然後來海德格與納粹漸行漸遠，但他與納粹的關係一直飽受爭議。戰後海德格仍任教於弗來堡大學，退休後則過著隱居生活，於一九七六年逝世。海德格認為他的哲學的最終目的，是運用現象學的方法對人的存在做出描述，克服傳統形上學對「存在的遺忘」。

存在的遺忘？

西方的哲學家們不是一直反省「存在」的問題嗎？他們什麼時候忘了「存在」？海德格認為「存在」應該是一個自我呈顯的過程，但是傳統哲學卻錯誤的把「存在的東西」當成是「存在」本身，而去思考、分析物體的性質。人在這樣的架構下也只不過是個「存在的東西」，所謂「真正的存在」就變成上帝、共相或者實體。海德格認為傳統哲學對於真正「存在」一開始就棄之不顧，好像忘了這回事似的，其實人本身就是一個自我呈顯的過程，也只有通過人的存在，其他事物才得以顯現。所以對人的存在做分析與描述，才能真正掌握「存在」的問題。海德格認為一個人會是什麼，端看他這一生如何呈顯他自己。人存在的性質本身就是一種「身處世界中的存在」，而非與世界分離或者對立—怎麼可能有任何一個人不在世界之中呢？海德格並且認為，只有當人面對死亡，透過焦慮、擔憂、孤獨與虛無等等情緒的切身體驗，方能徹悟自己的處境，進而思索存在真諦。

海德格哲學

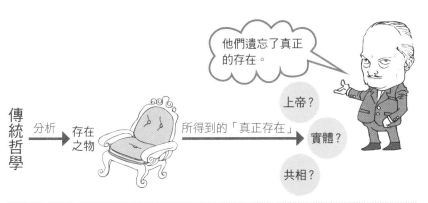

傳統哲學 ──分析──→ 存在之物 ──所得到的「真正存在」──→ 上帝？　實體？　共相？

他們遺忘了真正的存在。

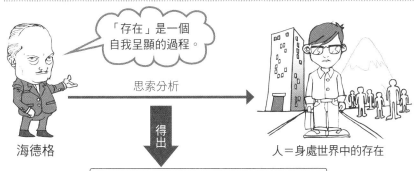

「存在」是一個自我呈顯的過程。

海德格 ──思索分析──→ 人＝身處世界中的存在

得出

人的存在和三個時間向度的聯繫

過去	現在	未來
在現實條件和壓力下產生負面心態	人在日常生活中沉淪，茫然從眾	面對自己的未來，僅是等待、觀望

因無從逃脫死亡，
進而思索存在的真諦

焦慮於自己應如何面對人生	不再人云亦云，而以語言創造出自己的現在	對自己未來的可能性加以籌劃、付諸實現

在詮釋中探索存在──詮釋學

詮釋學的英文是hermeneutics，其拉丁文字源Hermes是希臘神話中將諸神隱藏天上的訊息傳遞到人間的信使。詮釋學源於對聖經的詮釋，後來漸漸發展為人文學科的解釋方法。當代的高達美所提出的哲學詮釋學，則是一種關於理解、意義、人的存在的哲學。

早期的詮釋學發展

詮釋在西方由來已久，十九世紀的德國神學家施萊爾馬赫則為詮釋學奠定了系統性的原則和方法。施萊爾馬赫想要建構一門可以應用於所有文獻的詮釋學，他認為詮釋學的根本問題在於如何排除解釋者自己的觀點，而了解原作者創作時的想法，他提出如「詮釋學循環」等解釋文獻方法，來完成詮釋學的任務。我們常說不能「斷章取義」，可見一段文字必須放在它原來所處的脈絡中去了解。施萊爾馬赫認為要了解部分要先了解整體，而對部分的理解更能增進對整體意義的掌握，如此從整體到部分，再從部分到整體的了解過程，就是「詮釋學循環」。稍晚的狄爾泰更認為詮釋學可以應用到其他人文學科和藝術作品上，去探求作者的內在生命。

高達美的生平

高達美（或者譯為伽達瑪）生於德國馬堡，師承胡塞爾與海德格，一九六〇年出版的《真理與方法》，成為當代哲學詮釋學代表作品。一九六五年起，高達美曾與批判理論大將哈伯瑪斯展開著名的詮釋學論戰；一九七〇年自海德堡大學退休，但仍勤於著作，並於一九八一年與後現代思想家德希達論辯文本的可讀性

問題，晚年主要從事柏拉圖研究。高達美於二〇〇二年逝世，享年一〇二歲。在《真理與方法》中，高達美透過對歷史、語言與藝術的解釋，對狄爾泰、胡塞爾及海德格的思想做出回應。他所建立的哲學詮釋學體系，深深影響所有人文甚至自然學科。

哲學詮釋學

高達美在詮釋學的既有基礎上，更進一步的去思考人的了解究竟是怎麼一回事，而非提出特定方法去進行意義的了解。高達美在《真理與方法》中從藝術欣賞出發，認為觀賞者所了解的是藝術品的意義，並非作者的想法或內在生命，而只有觀賞者和藝術對象融為一體，也才可能了解藝術作品。在進行詮釋時，詮釋者的意識並非空無一物，而是用已經存在的某些觀點、想法和認識內容去了解詮釋的對象，再從對象的了解去排除錯誤的成見，直到詮釋者與其對象達成合致，以語言表達出來，語言是所有觀念和經驗自我展開的場所，一切認識也都具有語言性。高達美試圖在詮釋和了解的過程中探索真理的存在意義。而在人的各種活動之中也都包含著了解，或者說都是了解的一種模式，所以對了解本身的思索，也是對人的存在的一種思索。

詮釋學

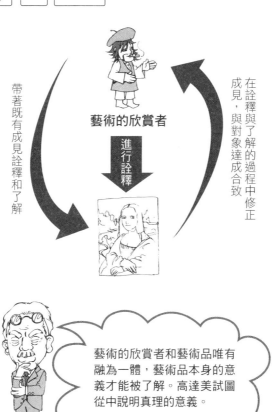

Knowledge is Power

Knowledge | is | Power

施萊爾馬赫的詮釋學循環

- 一段文字必須放在它原來所處的脈絡中去了解。
- 了解部分要先了解整體,而對於部分的理解更能增進整體意義的掌握,最終掌握作者的想法。

藝術的欣賞者

進行詮釋

帶著既有成見詮釋和了解

在詮釋與了解的過程中修正成見,與對象達成合致

藝術的欣賞者和藝術品唯有融為一體,藝術品本身的意義才能被了解。高達美試圖從中說明真理的意義。

PART6 當代西方哲學

123

人類存在處境的反省──存在主義

兩次大戰的生靈塗炭與戰後的經濟蕭條，造成西方社會瀰漫著悲觀和疑慮的氛圍，存在主義在二次戰後應運而興，而西蒙波娃則從存在主義出發，反省女性議題，成為女性思想先驅之一。

存在主義的興起

存在主義是二十世紀中期頗具影響的思潮，被歸到這面旗幟下的包括哲學家和文學家，但他們並沒有完全一致的信念。沙特曾將存在主義分為兩種：分別是有神論的雅斯培和馬賽爾，以及無神論的海德格和沙特自己。並且認為存在主義的共通特徵是「存在先於本質」。不過這些被沙特稱為是存在主義者的哲學家們都不承認這樣的頭銜，甚至對存在主義還多所批評。存在主義思潮將哲學的焦點轉回到人的身上，對人的存在處境多所反省，在戰後歐洲乃至於其他地方成為許多人的精神食糧。而被認為具有存在主義色彩的小說，則包括了杜斯妥也夫斯基的《卡拉馬助夫兄弟們》、《地下室手記》；卡夫卡的《審判》、《城堡》；卡繆的《異鄉人》、《瘟疫》；沙特的《嘔吐》、《牆》等作品。

沙特

沙特出生於巴黎。十九歲在高等師範學校攻讀哲學，四年後參加哲學教師會考，卻以第五十名落榜。第二年考得第一名，他後來的終身伴侶西蒙波娃則是第二。沙特曾任中學教師，後赴德國受業於胡塞爾門下研習哲學。在二戰時當了十個月的戰俘。法國在二戰結束後面對經濟蕭條和社會動盪，沙特和西蒙波娃、梅洛龐蒂、雷蒙阿洪等人創辦《現代雜誌》，關切社會、政治和文學等議題。沙特曾加入法國共產黨，但因反對蘇俄進軍匈牙利而脫黨。他也曾積極爭取阿爾及利亞的獨立，號召對阿戰爭的法國士兵不要服從命令。越戰期間，則與英國哲學家羅素設立國際仲裁法庭，判處美國總統詹森的罪行。沙特著有多本小說、劇本，並曾獲諾貝爾文學獎，但因拒絕任何官方榮譽而拒絕接受。沙特於一九八〇年因病逝世。

存在先於本質

沙特認為存在主義的共通特徵是「存在先於本質」。這是什麼意思呢？這裡的存在是指人類的存在，沙特以人造物為例，人造物往往是先有概念才做出成品，也就是先有物品的本質才有物品的存在。但沙特認為人的存在卻應該先於人的本質，因為人具有的各種特質，是人按照自己的意志所選擇的結果，而不是某種既定普遍人性的具體化，「人不過是自己創

造的東西」。沙特認為杜斯妥也夫斯基所說的「上帝如果不存在，任何事情都會獲得許可」，這正是存在主義的起點。因為人是自由的，人不能將任何事物做為託辭，也不能藉著推論某種特殊的人性來解決自己所遭遇的困境，人從存在於世界的那一刻起就應該對自己的一切負起責任。其實上帝存在與否，都與人類的處境無關，因為最終還是要由自己創造出自己的現在與未來。

西蒙波娃

西蒙波娃出生於巴黎，父親是律師，母親則是一位虔誠的教徒。二十一歲她和沙特結識，並一起準備哲學教師會考。之後於中學任教，並從事文學創作。一九五四年她以《滿大人》獲得法國最崇高的龔固爾文學獎，確立其文學地位。波娃挑戰被視為是女性天職的妻、母性別角色，即使有知己如沙特，仍拒絕婚姻、選擇不生育，僅與其維持終身伴侶關係。她在一九四九年出版的《第二性》，從存在主義和生物學、社會學、政治學的觀點，全面思考女性議題，對女性運動影響極大。她本身也為女性運動奔走，像是為了爭取女性的生育自由，簽名承認自己曾經墮胎、並提供寓所做為非法進行墮胎手術的場所。波娃於一九八六年病逝巴黎，享年七十九歲。

女性何以是「第二性」？

波娃在《第二性》中探討所謂「真正的女性」這個「女人本質」的概念如何形成。她認為男性將自己視為是能夠決定其存在價值的自由獨立個體，但卻把女性視為是由其所掌控的「他人」，女性始終是以性別的方式被定義。男性透過製造男尊女卑的迷思使女性臣屬於他，讓女性認定自己是較男性差的附屬品。而女性則將「第二性」的觀念視為理所當然，所以鮮見女性扭轉此種不合理的處境。因此波娃強調，女性若要徹底擺脫「第二性」的次等地位，可以透過經濟的獨立，投入就業市場、或者自我充實成為知識分子，引領社會變遷。波娃透過《第二性》不斷訴說，女性不應被傳統的女性角色與形象、甚至所謂「女人的天性」所束縛，而應珍視自己，讓自己成為自己的主宰。

除了西蒙波娃，還有其他的女性哲學家嗎？

女性在當代已非哲學中的第二性，像德國共黨創始人、批判馬克思的羅莎盧森堡；知名分析哲學家安絲康；以批判極權主義、反省公共領域著稱的漢娜鄂蘭；與波娃同樣兼長於哲學和文學的艾瑞斯梅鐸（電影「長路將盡」的主人翁），都是當代西方富有盛名的哲學家。

存在主義

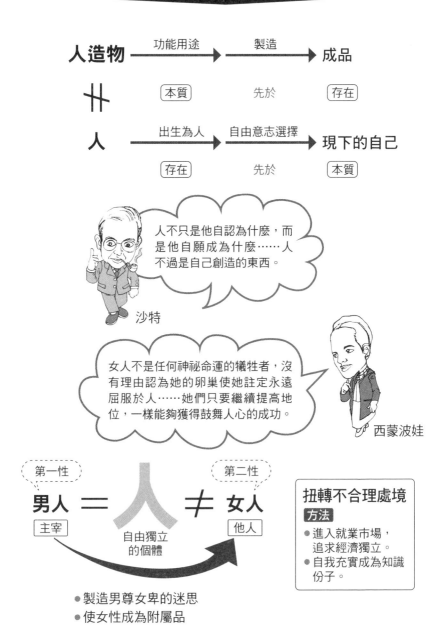

人造物 —— 功能用途 ——→ 製造 ——→ 成品

‡ 　[本質]　先於　[存在]

人 —— 出生為人 ——→ 自由意志選擇 ——→ 現下的自己

[存在]　先於　[本質]

> 人不只是他自認為什麼，而是他自願成為什麼……人不過是自己創造的東西。

沙特

> 女人不是任何神祕命運的犧牲者，沒有理由認為她的卵巢使她註定永遠屈服於人……她們只要繼續提高地位，一樣能夠獲得鼓舞人心的成功。

西蒙波娃

[第一性] 　　　　　　 [第二性]

男人 ＝ **人** ≠ **女人**

[主宰] 　自由獨立的個體　 [他人]

- 製造男尊女卑的迷思
- 使女性成為附屬品

扭轉不合理處境
方法
- 進入就業市場，追求經濟獨立。
- 自我充實成為知識份子。

左派的批判──法蘭克福學派

馬克思主義到了二十世紀分為許多流派，其中，法蘭克福學派是思想界的主要代表之一。他們繼承了異化理論等馬克思思想批判現代西方社會的工具理性、大眾文化和意識型態。

法蘭克福學派

一九二三年德國法蘭克福大學成立了一個社會科學研究所，它是由霍克海默、阿多諾、與馬庫色等人所共同策畫促成，他們自稱其立場為「批判理論」，又被稱為「法蘭克福學派」。由於該學派成員多半是猶太人，又對政府持批評立場，在希特勒掌權後多數人便離開德國。像霍克海默便在美國哥倫比亞大學重建研究所，而阿多諾則沒有立即離開德國，想參與推翻法西斯政權的行動。霍克海默和阿多諾於一九四七年出版了《啟蒙辯證法》，批判法西斯主義、消費資本主義和馬克思主義，說明西方的理性概念如何做為統治工具。直

到戰後研究所才遷返法蘭克福，但部分成員就留在美國。二戰後因為對於各種社會變革的積極參與，對於社會學、政治學、哲學、文化、意識型態等各個層面，批判理論的影響力日增。而年輕一代的成員，特別是哈伯瑪斯的著作和思想，也引起整個歐美學界的爭相討論。

霍克海默與批判理論

法蘭克福學派主要是反省當代文明，他們認為當代文明是完全生產力取向的社會，人類運用科技以控制自然，用意識型態及社會架構控制他人，好達成大量物質生產的目標。因此在文明制度的表面之下隱含著野

工具理性

二十世紀初的社會學家韋伯認為，現代西方社會就是工具理性的產物。工具理性又稱為「形式理性」或「技術理性」，韋伯認為工具理性的運用就是經過計算和評估，以採取達成目標的最有效手段。

法西斯主義

法西斯原本是羅馬帝國的一種儀杖，代表權力和服從。二十世紀初義大利墨索里尼所領導的政黨便以法西斯為名，德國的希特勒所領導的納粹黨，也是法西斯主義的代表。法西斯主義崇尚獨裁、集權與服從，對於政治異己加以排除打壓。

蠻、精準的理性計算，也潛藏著非理性。而「批判理論」這個名稱的由來，源於霍克海默的一篇文章〈傳統理論和批判理論〉。所謂的「傳統理論」是指經驗理論，其目的在於精確的描述、說明、及預測現象，但由於知識的分配，將社會分化為專家與無知大眾而造成「科技專家統治」。而所謂的「批判理論」，則是一種對社會現象和意識型態的批判，他們希望透過對事實或現實的批判與否定來喚醒或轉變群眾的意識，讓他們以自發行動來進行改革，邁向合理的社會秩序。

失去自我的「單向度的人」—馬庫色

赫伯特馬庫色是猶太裔德國人，曾在海德格指導下獲哲學博士，並由胡塞爾推薦進入法蘭克福研究所。納粹掌權後流亡美國，二戰時為美國戰略情報局服務，戰後則任教於哥倫比亞與哈佛大學。馬庫色是一九六八年學潮中的精神領袖，和馬克思、毛澤東並稱「三M」，並親身參與示威。馬庫色在《單向度的人》一書中將發達工業社會視為異化、整合與妥協的最高發展階段。發達工業社會的大眾化、標準化、自動化、組織化，使得個人逐漸失去自我。因為最大利潤原則的驅使，整個社會不斷地生產，所有人也不斷地消費；受到廣告和所謂「流行」的影響，人們只熱衷於滿足被創造出來的虛假需求，而忽略了其本性。這種情境的變遷產生了一種新的異化，因為人的獨特性完全被工業社會所整合。在既存文化與社會體系的安頓下，人們只是全心全意熱衷於生活水準的提高與生活品質的改善，馬庫色認為人們雖有民主而不自由、富裕而不幸福、有技術但無理性。

法國五月學運

一九六八年，法國大學生對教育制度有所不滿，同年五月在巴黎大學南泰爾校區開始罷課行動，要求校園內的學習自由、以及男學生能夠自由出入女生宿舍。政府當局調派警力企圖鎮壓，學生則佔領學校行政大樓展開對峙，法國的數百萬工人則以大規模的罷工、佔領工廠響應青年學生們的抗爭，而運動的議題也從教育改革擴張到對整個社會文化的反省。當時法國大約有五千萬人口，但竟有約一千萬人上街遊行示威，甚至架設路障與軍警抗衡，包括馬庫色、沙特等著名思想家也以不同方式參與。這場狂熱的運動震撼了當時的西方，被認為是資本世界的人們以具體行動反對工業社會所產生的異化，並追求人的自由與解放。

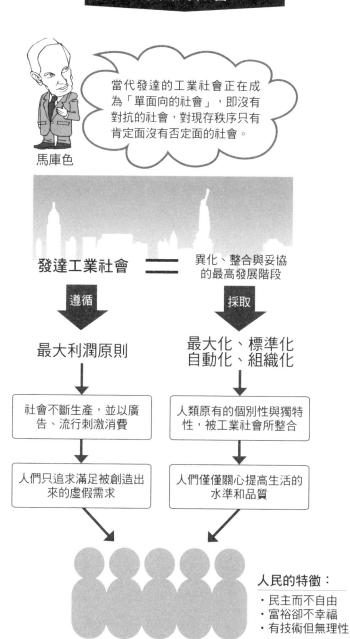

單面向社會

馬庫色

當代發達的工業社會正在成為「單面向的社會」,即沒有對抗的社會,對現存秩序只有肯定面沒有否定面的社會。

發達工業社會 = 異化、整合與妥協的最高發展階段

遵循

採取

最大利潤原則

最大化、標準化 自動化、組織化

社會不斷生產,並以廣告、流行刺激消費

人類原有的個別性與獨特性,被工業社會所整合

人們只追求滿足被創造出來的虛假需求

人們僅僅關心提高生活的水準和品質

人民的特徵:
・民主而不自由
・富裕卻不幸福
・有技術但無理性

結構、解構、後現代思潮

法國知識分子曾引領了歐陸的啟蒙運動，但兩百年後的法國哲學家們，開始質疑、批判啟蒙以來的理性化思潮，法蘭克福學派第二代的哈伯瑪斯則極力為現代性辯護。

從語言學到人文社會科學──結構主義

結構主義的興起始於李維史陀的人類學，不過他在人類學中所使用的方法，主要是應用了二十世紀初語言學者索緒爾的研究。索緒爾認為語言是由言語文字和概念意義（索緒爾稱為意符和意指）所組成的符號結構，語言的意義並非先於語言而存在，而是要在這個結構關係中才能被理解。李維史陀將此種觀點應用於研究親屬和神話的結構。又如拉康創立潛意識結構理論、阿圖色提出結構主義的馬克思主義、傅柯以結構主義研究知識與思想史等等。雖然結構主義者涉足不同的學科，不過他們都將結構做為人類文化的一種特徵、強調結構的系統性、以及結構對人類行為的影響。

後現代是什麼？

如果單從字面上看，「現代」指的是當今所處的時代，所以每個時代的人都可以用「現代」來稱呼自己所處的情境。但是「現代性」這個辭彙通常指涉從啟蒙運動和科學革命以來逐漸形成的現代西方社會的特徵，而後現代在思想上的意義便是對「現代性」提出批判。後現代最初主要是建築和藝術等領域的流派，從李歐塔在一九七九年出版《後現代狀況》一書之後，後現代才成為思想界的重要議題。八○年代之後，後現代思潮開始在全世界流行，其主要精神在於質疑或否定現代的進步與理性、反對理論化和一致性、重視差異與多元。

知識與權力的考掘者──傅柯

傅柯出身巴黎高等師範學院，在哲學之外，他也擁有心理學和精神病理學位。除了從事學術工作，傅柯參與獄政改革、關心同性戀、精神病患等社會邊緣人士，並聲援東歐的政治異議人士，於一九八四年逝世。傅柯的研究跨越學科分際，透過對瘋狂、醫藥、監獄、性慾等對象的歷史研究，探討知識與權力之間的關係、以及現代個人被權力規訓的現實。例如在《瘋癲與文明》一書中，傅科通過對十七世紀巴黎總醫院對瘋子、窮人、流浪漢禁閉行動的考察，顯示出理性對非理性的壓制。

傅柯認為這和任何醫療無關，因為醫院只關心將非理性的邊緣人趕出社會，形塑出社會的有序形象。啟蒙理性因批判迷信與權威而獲勝，但是這個現代社會中，理性卻不過是和過

語言結構與後現代思潮

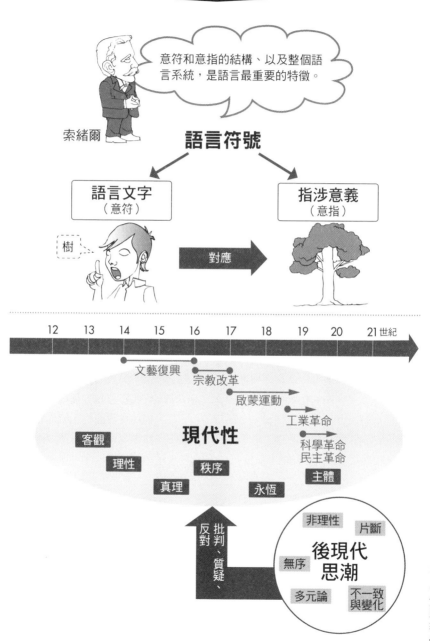

意符和意指的結構、以及整個語言系統，是語言最重要的特徵。

索緒爾

語言符號

語言文字
（意符）

樹

對應

指涉意義
（意指）

12　13　14　15　16　17　18　19　20　21世紀

文藝復興

宗教改革

啟蒙運動

工業革命

科學革命
民主革命

現代性

客觀

理性

秩序

真理

永恆

主體

反對　批判、質疑、

後現代思潮

非理性　片斷

無序

多元論　不一致與變化

去的宗教一樣排除異己。在五月學運中《瘋癲與文明》也成為譴責政府逮捕學生與工人的論據。

無限延伸的解構閱讀—德希達

德希達亦出身巴黎高等師院，任教於美法等地。他認為從柏拉圖到結構主義的哲學家都服膺像是善／惡、有／無、真／假、生／死、語音／書寫的二元對立，而且前者總是優先於後者，他把這種有固定意義秩序的看法稱為「邏各斯（Logos）中心主義」。德希達認為哲學作品如同藝術作品，並沒有清楚固定的意義，所以他以一種將文本敘述的意義無限延伸的閱讀方式，重視文本意義的變化、隱喻和各種可能性，來超越傳統的二元對立、消解二元結構—這就是解構。德希達對許多傳統作品都做了解構閱讀和批評，他認為哲學和文學間沒有界線，兩者都充滿隱喻。德希達的思想不易理解，也與傳統哲學大相逕庭，甚至劍橋大學對他授與榮譽博士，都有十九位哲學教授聯名公開反對。作為後現代解構思潮中的首要代表，可能是所有人僅有的共識。

法蘭克福第二代健將—哈伯瑪斯

哈伯瑪斯是德國波昂大學哲學博士，於一九五六年進入法蘭克福社會科學研究所，成為法蘭克福學派戰後的主要成員，於北美、歐洲各地講學。哈伯瑪斯也曾參與一九六八年的學運，在當時以精闢的政論影響社會，但是因為反對學運的暴力路線，甚至他從事研究的地點也被意見相左的學生佔領。哈伯瑪斯在哲學、政治學、社會學等許多學科領域都有廣泛而深刻的論述，曾與波柏、傅柯、高達美、德希達、羅爾斯等多位思想家論戰，幾乎每一兩年就有重要著作問世。一九九四年退休後仍然活躍於研究著述與學術政治活動。一九九八年德國大選中，也曾為社會民主黨提供理論支援，是當代極為活躍和具有影響力的思想家。

為現代性與理性而辯護

哈伯瑪斯認為各種後現代理論都是對現代性與理性所提出的批判，但他卻未在後現代思潮風湧之際放棄理性。雖然哈伯瑪斯身為法蘭克福第二

什麼是 Logos ？

Logos是希臘文，這個字有許多涵義，包括說話、計算、規律和理性等等。聖經說的「太初有道、道與神同在，道就是神」，這個「道」的希臘文也是logos。

代的成員，但是他並不像第一代的霍克海默等人，僅止於對現代社會的工具理性加以批判，而是更進一步思索理性的另一種可能。哈伯瑪斯在《溝通行動理論》中，提出溝通理性來代替工具理性，因為工具理性僅能滿足客觀世界真實性的要求，對於內在的主觀世界與規範的社會世界的問題卻無法處理。在哈伯瑪斯看來理性不應僅在客觀世界有所作用，更應該能夠同時解決主觀、客觀和社會三個不同層面的問題。而此種理性並非工具理性，而是在以相互了解為目標的溝通行為中作用的溝通理性。哈伯瑪斯認為現代社會的種種問題，應該要透過公正、合理、民主的溝通程序，憑藉溝通理性和溝通所得的共識來改進與解決。

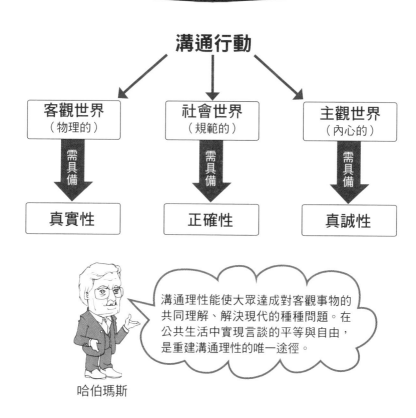

哈伯瑪斯的溝通理性

溝通行動

客觀世界（物理的）	社會世界（規範的）	主觀世界（內心的）
需具備	需具備	需具備
真實性	**正確性**	**真誠性**

溝通理性能使大眾達成對客觀事物的共同理解、解決現代的種種問題。在公共生活中實現言談的平等與自由，是重建溝通理性的唯一途徑。

哈伯瑪斯

對科學巨人的哲學反省─科學哲學

從十七世紀自然科學高度發展以來，原本的宗教世界觀不斷地被科學研究成果所修正，科學知識更大幅改善了人類生活。但究竟是什麼讓自然科學如此準確、可靠？科學本身亦非一成不變，那麼科學的演化機制又是什麼？對於科學所涉及的概念、方法、演進過程的研究和反思便是科學哲學所關切的課題。

維也納學派與邏輯實證論

　　二十世紀初期首先對科學哲學做出貢獻的是邏輯實證論（或稱為邏輯經驗論）。而邏輯實證論是由維也納學派所提出的看法。維也納學派是以維也納大學哲學教授石里克和卡爾納普等人為中心，由物理學家、數學家、哲學家們所組成的思想團體。他們主張應該用科學的嚴謹來改革哲學，試圖透過符號邏輯來建構一個理想的形式語言，以做為各種學科的基礎。邏輯實證論者提出「檢證原理」，即可加以檢證或驗證的命題才是有意義的。而形上學命題都不可檢證，既不真也不假，所以跟宗教、倫理、美學一樣，充其量只具有情感上的意義。維也納學派反對形上學的思辨，認為形上學並不具備知識的資格，而只不過是「概念的詩歌」。至於他們對科學理論的看法則是，科學理論由命題所構成，因此檢查這些科學命題是否具有可檢證性和一個科學理論是否可以檢證，便可據以判定一個理論是不是夠資格稱為「科學」，邏輯實證論的主張構成了二十世紀早期的科學哲學。

否證論─卡爾波柏

　　波柏是猶太裔的奧地利人，維也納大學哲學博士，早年曾擔任中學數理教師。波柏在維也納結識了維也納學派的成員，但是他對邏輯實證論並不贊同而提出否證論。波柏後來進一步將他的科學哲學推廣到政治哲學上。一九三七年因逃避納粹的迫害而亡命紐西蘭。戰後波柏任教於英國倫敦政經學院。波柏認為科學理論不可能由個別觀察檢證或證實，但可以否證（或稱證偽，就是去證明理論是錯的）。因為即使觀察了一億隻白天鵝也不能證實「所有天鵝都是白的」，但要否證這個說法只要有一隻黑天鵝就夠了。科學理論必須具有「可否證性」，如果一個理論的陳述無法用

實證主義

「實證主義」是由法國哲學家孔德首先提出，強調實證經驗。他把人類的歷史分為三個時期：神學時代，相信上帝和神；形上學時代，即哲學時代；最後是科學時代，講求實證精神，一切理論都要以實驗證據證實。

經驗的方法來加以否證，不管發生什麼反例都無法推翻，便不能被稱為科學。波柏看來，科學是一種不斷要求演進的事實，一種猜想代替另一種猜想，一種理論代替另一種理論。理論是理性思考的結果，科學家並不能保證理論永遠正確，但是卻必須承受不斷的批判。

波柏對歷史主義的批判

如同波柏認為科學理論永遠不可能證實，他在社會政治哲學方面也反對「歷史主義」，波柏所謂的「歷史主義」便是認為歷史發展是有其必然性而且是可以預見的，在他看來這正是極權主義的觀點。因為在認知到歷史規律之後，便能提出與之相應的完美社會藍圖，波柏將之稱為「烏托邦社會工程」，因為他們認為已經掌握到歷史發展的真理，所以不再需要自由和多樣性，因而造成「封閉社會」。波柏認為「歷史主義」只不過是一廂情願，我們應該保持理性批判的可能性，也就是保持言論自由和多元主義，而此種自由社會波柏將之稱為「開放社會」。波柏進而將柏拉圖的嚴格等級制國家、黑格爾的國家觀點、以及馬克思的唯物歷史觀點看作是二十世紀極權統治的思想源頭而痛加批判，並認為是「開放社會之

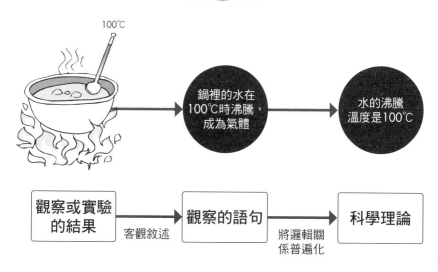

邏輯實證論的科學觀

100℃

鍋裡的水在100℃時沸騰，成為氣體 → 水的沸騰溫度是100℃

| 觀察或實驗的結果 | 客觀敘述 → | 觀察的語句 | 將邏輯關係普遍化 → | 科學理論 |

敵」。波柏認為應該以「漸進社會工程」取代「烏托邦社會工程」，對社會進行局部的、不斷嘗試和修正的改革，創建合理的制度和機構，並且反對暴力革命、主張和平改良。波柏的「開放社會」觀點在二戰之後成為批判馬克思主義和法西斯主義的理論基礎。

典範移轉─孔恩

孔恩是哈佛大學的物理學博士，在他還是研究生時，曾經教授科學史的大學通識課，他發現從現代科學的角度看十七世紀之前的物理學，根本是集謬誤之大成，但是這些錯誤的所謂科學卻是過去幾百、甚至千年的科學家們所深信不疑的，為什麼？孔恩的《科學革命的結構》就是要試圖去回答這個問題。科學往往是在過去的成就基礎上從事研究，孔恩稱這樣的科學為「常態科學」，而科學家們對哪些是合適的問題和解決方法有一定的共識，孔恩則稱其為「典範」。科學家通常是在典範之內從事研究，而不會去懷疑典範中的基本觀點及規則。但是「常態科學」會遇到再怎麼修正，也無法自圓其說或清楚解釋現象的危機。此時就會有科學家試圖去發展與舊典範不相容的新典範，而導致「科學革命」。新典範提供了新的共同語言與觀點，並且再次回到常態科學階段，而科學的發展就是這個過程的不斷循環。

開放社會基金

波柏在倫敦政經學院任教時，其思想啟發了一位猶太裔的匈牙利學生─索羅斯。日後他成為世界知名的基金經理人，並曾被指為造成二十世紀末亞洲金融風暴的金融炒手。索羅斯極為推崇波柏，並認為是波柏哲學引導了他在金融市場上的成功。索羅斯在許多極權國家成立開放社會基金，從事慈善事業，並且致力於他所認為的「開放社會」的建立─法治、資訊自由流通、尊重不同意見。

檢證理論 VS. 否證理論

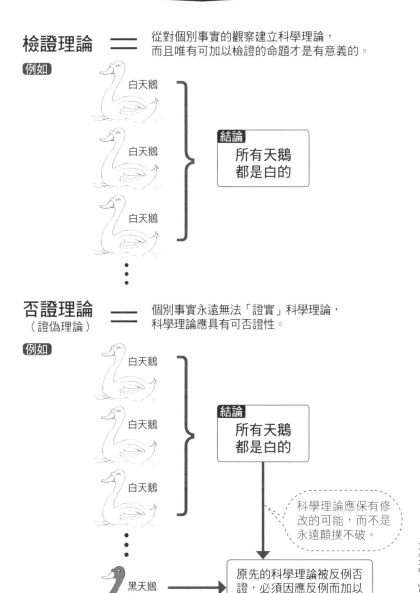

檢證理論 ━━ 從對個別事實的觀察建立科學理論，
而且唯有可加以檢證的命題才是有意義的。

例如

白天鵝

白天鵝

白天鵝

結論
所有天鵝
都是白的

否證理論
（證偽理論） ━━ 個別事實永遠無法「證實」科學理論，
科學理論應具有可否證性。

例如

白天鵝

白天鵝

白天鵝

結論
所有天鵝
都是白的

科學理論應保有修
改的可能，而不是
永遠顛撲不破。

黑天鵝 → 原先的科學理論被反例否
證，必須因應反例而加以
修正甚至放棄。

典範的不可共量性

　　科學革命中出現的新典範，是對舊典範的否定，就像愛因斯坦相對論與牛頓力學的關係，所以科學發展並非單單是研究成果的累積（雖然這樣的累積的確會在常態科學階段發生），更包括常態科學之間的斷裂與替代。孔恩認為典範之間具有「不可共量性」，也就是說對於不同典範下的詞彙與概念，難以相互翻譯，即使是相同的詞彙在不同典範中卻有全然不同的涵義，例如質量一詞在牛頓力學與相對論中意義完全不同。典範的更迭並非是個別詞彙或理論的差異，而是整個世界觀都會有所不同。原本邏輯經驗論和波柏的檢證與否證理論，在孔恩看來無法充分說明科學的演變，科學發展在孔恩的學說裡不再是單線發展的檢證累積，而是典範替代的不斷革命。孔恩的典範思想除了是其科學哲學的核心，也在人文社會科學領域受到重視。

科學無政府主義──費耶阿本德

　　費耶阿本德跟波柏一樣是奧地利人，曾從學於波柏，是維也納大學的哲學博士，任教英、德、美各國。費耶阿本德的思想頗為獨特，曾有十八位諾貝爾獎得主在內的將近兩百位科學家，在雜誌上發表文章反對占星術，費耶阿本德卻挺身而出，為占星術辯護。費耶阿本德認為邏輯實證論和波柏為科學建立普遍的標準和規範是錯誤的舉動，因為科學研究不應該受到特定標準所限制。因此他主張「增生原則」，認為即使科學理論已得到普遍接受，也要發展更多與公認觀點不一致的理論，以引發科學革命；另一方面又主張「韌性原則」，認為一個理論即使受到事實的否證，也應當被保留下來，因為它的內容可能對得勝的對手理論有所貢獻。除了科學理論的多元，費耶阿本德也主張方法的多元，只要能推動科學發展、增進知識，即使是非理性因素也應當保留。「怎麼都行」的科學無政府主義，是費耶阿本德的著名標記。

孔恩的典範移轉

常態科學 ← 科學家在一定的典範之下從事科學研究。

無法自圓其說、清楚解釋現象

危機

試圖發展與舊典範不相容的新典範

科學革命 ← 完成新典範，提供新的共同語言與觀點。

科學再次回到常態科學階段

不可共量性

- 是典範之間的特性。
- 一個典範下的詞彙無法以另一個典範下的語言定義。
- 即使相同的詞彙在不同典範中也有不同的涵義，難以相互翻譯和比較。例如在牛頓力學與相對論中皆有「時間」、「空間」、「質量」，但意義截然不同。

當常態科學一再陷入紊亂，科學社群再也不能漠視或迴避現有科學傳統的異常現象，研究活動終將科學導向一套新信念，一個科學活動的新基礎，這些涉及專業信念轉移的非常事件，我稱之為科學革命。

孔恩

維根斯坦和分析哲學

清晰的思考和語言使用，是當初蘇格拉底最重視的事，但分析哲學家們卻認為，
兩千多年來的哲學似乎都沒有把話說清楚。

對於語言的反省與分析

「語言的轉向」被認為是二十世紀的哲學標記，因為許多哲學家不約而同地將焦點放在語言之上，這並不是說他們只研究關於語言的哲學，而是語言分析成為思索各種哲學問題的核心，並藉以探討其他哲學問題。語言的轉向發生於二十世紀初，但語言哲學卻是從五〇年代後才開始興盛。然而不管是由弗雷格、羅素、早期維根斯坦所主張的完美語言的邏輯結構分析；或者摩爾、晚期維根斯坦和牛津學派所採取的日常語言分析，對語言的分析和語言意義的澄清被分析哲學認為是思索哲學問題所不可或缺的必要途徑。

維根斯坦的生平

維根斯坦是猶太裔奧地利人，他的父親是當時奧匈帝國的鋼鐵大王，不過維根斯坦卻在父親死後把大筆遺產讓給其他兄弟姊妹。維根斯坦一開始學習航空工程，因為對哲學的興趣而在弗雷格的建議下到英國跟羅素學習邏輯。不久維根斯坦問羅素是否應該繼續唸哲學，羅素請他寫篇文章，羅素看了文章的第一句話，就對他說：「不，你不應該當航空工程師。」維根斯坦在一次大戰的軍旅中完成《邏輯哲學論》後，認為哲學問題已經解決，於是他跑到鄉下小學教書，還編了本兒童字典。後來因為想法改變，才又開始從事哲學工作，在

分析哲學之父——弗雷格

分析哲學一般公認源自弗雷格。弗雷格是德國耶拿大學的數學教授，也是語言哲學家和現代數理邏輯的創始人之一，他對意義與指稱、概念與對象所做的區分，對後來的分析哲學有很大的影響。

揮舞火鉗的哲學家

根據波柏的自傳，維根斯坦的脾氣似乎不太好。波柏曾應邀至劍橋演講，但維根斯坦似乎不贊同波柏的論點，他在火爐旁揮著火鉗叫波柏舉個道德準則的例子，波柏回說：「不要用火鉗威脅應邀的演講者。」維根斯坦氣得丟了火鉗離開會場。

劍橋擔任教職，相隔二十六年後，以《哲學探討》推翻自己的早期觀點。這兩本著作分別是兩個哲學學派的代表作，以一人之力開創兩個學派，維根斯坦對二十世紀哲學的影響和貢獻少有他人可以比擬。

前期維根斯坦—對於不可說者保持沉默

維根斯坦認為哲學本身並非知識的對象，而是一種對於知識的澄清活動。如果將科學知識與命題透過嚴謹的邏輯語言表述，並且澄清命題間的邏輯關係，也就不再會有惱人的哲學問題。維根斯坦認為哲學家並不探討知識，探討知識是科學家的事，哲學家負責的是「澄清思想」。在《邏輯哲學論》中維根斯坦說明了這套理想的語言，他認為有意義的命題可以被分析成更簡單的命題，而分析到最後是只包含名稱、可以描述事態的基本命題。如果一個基本命題為真，則

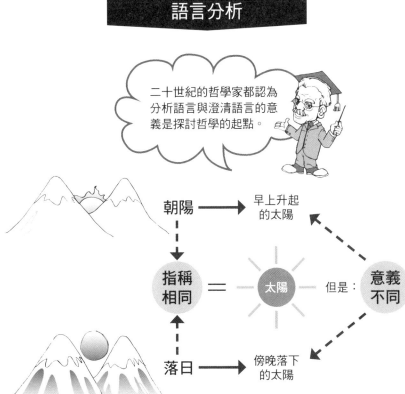

語言分析

二十世紀的哲學家都認為分析語言與澄清語言的意義是探討哲學的起點。

朝陽 → 早上升起的太陽

指稱相同 ＝ 太陽 但是： 意義不同

落日 → 傍晚落下的太陽

其描述的事態存在；如果為假，則該事態不存在。也就是基本命題跟世界有直接的關聯，它們的真假取決於事實，一切命題的真假則取決於構成它們的基本命題之真假。在維根斯坦看來，語言不能用來描述跟經驗事實不相干的形上學命題，傳統哲學經常討論的價值問題，也應當排除在外—雖然維根斯坦並未否定其意義。《邏輯哲學論》全書的最後一句就是：「對於不可說的東西，必須保持沈默。」

後期維根斯坦與日常語言分析學派

後來維根斯坦卻放棄了原先的立場，因為他發現其所主張的理想語言，違反了語言的基本性質，而且並非所有語言都有其對應的客觀事態。維根斯坦說：「我們走在沒有摩擦的光滑冰上—雖然這是理想的，但正因如此，我們不能行走。我們若想走路，需要摩擦。回到粗糙的地面吧！」藉此批判自己的早期哲學觀點。他不再重視語言的邏輯分析，轉而認為語言的意義應該在語言使用的脈絡之中尋求，用「家族相似性」的概念破除早先主張的語言與世界在本質上的對應關係，並以各種「語言遊戲」來說明語言使用的多樣和複雜性。而英國哲學家摩爾與後期維根斯坦抱持相近的看法，但他更標舉日常語言的價值，認為解決哲學問題並非靠著理想的形式語言的提出，而是要分析日常語言的使用，此一觀點後來被牛津大學的哲學家所繼承，形成了日常語言分析學派，也就是牛津學派。

羅素

羅素主張哲學是對科學和常識的精煉，也就是利用形式化的邏輯語言將科學知識重新表述，其《西洋哲學史》與和懷德海合寫的《數學原理》是他的重要著作，一九五〇年獲頒諾貝爾文學獎。羅素一生反戰，二戰期間還因此坐牢。晚年曾和多名科學家發表〈羅素—愛因斯坦宣言〉，反對核戰，並積極參與調停國際衝突。

維根斯坦哲學

前期維根斯坦

世界的界限也是邏輯的界限

命題	對應	事態
當命題為真	→	事態存在
當命題為假	→	事態不存在

自我語言的界線，意味著我的世界的界限

對於不可說者，
必須保持沉默。

維根斯坦

後期維根斯坦

Brettspiele　　Kartenspiele　　Ballspiele　　Kampfspiele
棋類　　　　　牌類　　　　　球類　　　　　奧林匹克

Spiele
（德語，表「遊戲」）

觀察這些遊戲，你將看不到全體
共同之處，而只有兩兩相似。如
同家族成員不是都長成一個樣
子，而是各有其相似之處，這就
是「家族相似性」。

當代的自由主義發展

自由主義是建立現代西方社會重要的基本原則。自由主義所關切的不是意志自由，而是個人或者國家的公民在社會上所能享有的自由。從近代的專制王權思想，到現代的法西斯主義和社會主義，自由主義總是與不同的政治理念對抗，歷久彌新。

西方的自由主義傳統

自由主義是西方影響最為深遠的政治思想傳統之一。在近代的宗教戰爭中，漸漸形成對歧見的寬容，促成了自由思潮的發展，美國獨立運動和法國大革命更深受自由主義啟迪。二次戰後，自由主義成為西方世界普遍的信念。但是自由主義是一個思想流派的泛稱，我們很難精確界定自由主義起於何時，自由主義者的信念甚至彼此相有衝突。不過自由主義者都對個體和自由價值的優先性加以重視，反對以公共目的為理由去侵犯個人自由。而人權、為人民而存在的政府、法治等自由主義的核心理念，則成為今日民主國家的共通信念。

自由主義的奠基者—約翰彌爾

雖然近代談論自由主義的哲學家不在少數，但十九世紀英國效益主義哲學家約翰彌爾可能是其中最為重要的一位，他在《論自由》中所持的許多觀點和論據一直到今天仍是自由主義的重要立場。彌爾將人的行為分成「關乎自己」與「關乎他人」—前者只跟行為者自己有關，後者則是會影響到別人的行為。彌爾主張：人們對於僅與自己有關的行為，應該享有完全的自由，即使對行為者本身有害，他人也無權干涉；至於「關乎他人」的行為，在不危害他人的範圍內享有自由，他人和社會也都不能干預。彌爾認為充分的個性發展是個人幸福和社會發展的必要條件，所以要尊重個人的差異和多元發展，更要透過確保自由來達成。彌爾對自由的界定構成了自由主義的古典標準，一直到今天仍有許多人採用。

效益主義

效益主義是由十八世紀英國的法學和哲學家邊沁所創立，也稱為功效主義或功利主義。作為一種政治、立法和道德的理論，其核心主張是「促進最大多數的最大幸福」。說得簡化些，對大多數人有好處的就是好的，初步看來這是一個很合理的主張。不過想想下面的問題：將智能不足或是重度殘疾的人類都殺光，似乎可以減少社會成本和問題，增進社會福利，那麼根據效益主義，把這些人殺死都是對的。你認同這個答案嗎？

彌爾與海耶克的自由觀

彌爾的自由觀

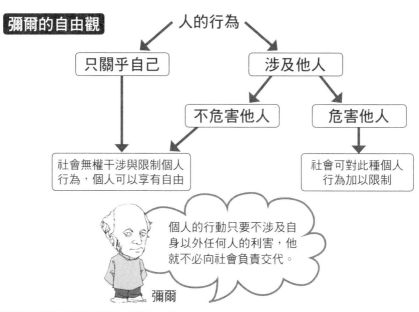

人的行為

只關乎自己 → 社會無權干涉與限制個人行為，個人可以享有自由

涉及他人 → 不危害他人 → 社會無權干涉與限制個人行為，個人可以享有自由

涉及他人 → 危害他人 → 社會可對此種個人行為加以限制

個人的行動只要不涉及自身以外任何人的利害，他就不必向社會負責交代。

彌爾

海耶克的自由觀

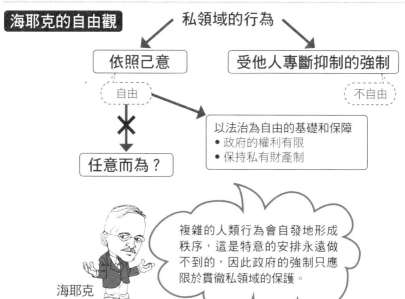

私領域的行為

依照己意（自由）

受他人專斷抑制的強制（不自由）

以法治為自由的基礎和保障
• 政府的權利有限
• 保持私有財產制

任意而為？

複雜的人類行為會自發地形成秩序，這是特意的安排永遠做不到的，因此政府的強制只應限於貫徹私領域的保護。

海耶克

以法治與私有財產制保持自由—海耶克

海耶克出生於維也納，家中三代都是大學教授，哲學家維根斯坦是他的表兄。海耶克在維也納大學研習經濟學，後來獲得法學博士和政治學博士學位。他曾擔任奧地利經濟研究所首任所長，引領在經濟學上主張自由放任的奧國學派，與主張政府干預的凱因斯針鋒相對，並於一九七四年獲得諾貝爾經濟學獎。海耶克認為自由就是「私人領域不受他人意志的外在強制」。而法治是自由的保障，法治的保障則是政府所擁有的壓制以及懲罰權。政府必須依法行事，我們才能知道政府在什麼情況下會對人民有所壓制；另一方面，法律也可能有犯錯的時候，所以必須讓政府的權力有所限制，提倡有限政府，反對包括福利政策在內的所有經濟干預。除了法治之外，保持自由的條件還有私有財產制，因為私有財產能讓人民維持生活，人民才不會為了生活聽命於控制財產之人，也才有自由的可能。所以海耶克畢生也與共產主義針鋒相對。

正義是政治的首要德行—羅爾斯

羅爾斯出生於美國巴爾迪摩，普林斯頓哲學博士、哈佛哲學系教授，可說是當代自由主義陣營最重要的哲學家。美國向來被認為是奉行民主自由的國度，但二十世紀中葉以前的美國卻也未能避免對於弱勢族群的歧視，未受到公平對待的黑人、婦女、勞工和少數民族紛紛起而抗爭，自由主義制度的內在價值因而受到挑戰。羅爾斯在一九七一年出版的《正義論》可說是在政治哲學層面回應了美國社會的現實問題。羅爾斯承襲社會契約論的思考模式，藉以選擇建構社會的基本原則。不過為了避免締約者個人的身分地位造成偏頗的選擇，他在締約階段設想了一個被「無知之幕」所籠罩的原初狀態，身處其中的人雖仍具有理性和知識，但應忘卻自己的地位、條件、喜好，締約者便在此種狀態下締結社會契約，走出「無知之幕」後便不能再做更改，羅爾斯認為正義原則在如此設計下必然會成為建構社會的基本原則，用以界定公民的基本權利和義務、劃分社會合作所生的利益和負擔。羅爾斯認為正義是政治的首要德性，其自由主義立基於分配正義的基礎上，兼顧了社會平等的要求，是二十世紀英美世界最重要的政治哲學主張。

羅爾斯的正義觀

無知之幕

締約者

被無知之幕所籠罩的人們，雖然仍具有理性和知識，但應忘卻自己的地位、條件、喜好。

羅爾斯所設想的原初狀態

得到

建構社會的基本原則：

正義二原則

每人擁有相等的最大基本自由權利。

社會上和經濟上若有不平等的制度設計，必須同時滿足：
1 對每一個人都有利。
2 地位和職務對所有人平等開放。

當一個社會的設計，不但能增進其成員的利益，而且遵循正義觀點來運行，就是一個組織良好的社會。

羅爾斯

法律是什麼？──法律哲學

法律哲學主要思考法律的本質和法律的其他根本問題：法學知識的性質、法律與道德、政治和正義之間的關係、是否存在守法的義務、刑罰的根據為何等等。其中對法律本質看法的歧異和爭論，構成了當代法律哲學的主要內容之一。

自然法傳統與當代的復興

自然法是極富理想色彩的法學概念，最早可以上溯到古希臘時期。自然法在各個時期以不同的方式和概念體現：中世紀時自然法和神學結合，以神的意旨為依歸；近代思想家們則認為人的理性可以發現永恆的絕對法則，社會契約論的論述和天賦人權的想法就是源於自然法。不過近代歐陸的法典化風潮，讓法學轉而重視對現實法律的分析研究，自然法的影響力漸不如前。但是二十世紀的許多暴政都具有法律形式，卻造成人類極大痛苦，使得自然法思想於戰後再度復興。像德國法學家拉特布魯赫，在二次大戰前認為法律的確定性比其正義來得重要，但是由於納粹政權以法之名屠殺無辜人民，促使其在戰後轉變其法哲學立場，認為正義比法律的確定性來得重要。

法實證主義之父──奧斯丁

英國的法學家約翰奧斯丁是現代法實證主義的創始人，他曾與德國歷史法學派著名學者薩維尼學習羅馬法，與邊沁及約翰彌爾的父親詹姆士彌爾往來密切。奧斯丁是倫敦大學的首任法理學教授，但是因為課程艱深，法理學和法律實務又沒有直接關聯，學生愈來愈少，最後因而被迫辭職。直到奧斯丁死後，法實證主義才廣為流行。奧斯丁提出「法理學的科學」，認為只有「現實的法律」才是法理學探究的主題，而不是「應該是這樣的法律」。奧斯丁把法律和道德區分開來，並且主張「法律是主權者的命令」，而這種命令以制裁做為後盾。他認為法學研究的對象是實證法的一般概念和原則，分析法律術語與命題彼此的關係，所以又被稱為分析實證主義，或是分析法學。

歷史法學派

歷史法學派強調歷史與傳統在法律中的地位。如德國的薩維尼認為法律應該根植於民族的歷史之中，而非立法者的專斷產物；英國的梅因則認為使用歷史方法進行法學研究，才能真正了解法律的發展，他主張進步社會的法律發展模式是從身分關係的著重進展到契約關係，也就是「從身分到契約」。奧斯丁的法哲學思想也是因為得到梅因的賞識和提倡，所以才廣為流行。

純粹法學──凱爾生

　　凱爾生是猶太裔的奧地利法學家，維也納大學法學教授。曾參與奧地利憲法的起草，並擔任奧國憲法法院法官，因受排擠而移居德國，任教於科隆大學。但在希特勒上台後被迫流亡瑞士、美國等地。後來入美國籍，任教哈佛、加利福尼亞等大學。凱爾生的法學主張，是把所有的評價標準和意識型態（比方說正義）都從法律科學之中排除，實現一個純粹的法學。純粹法學是從法律結構本身來研究法律，而不是從心理和經濟上解釋法律的條件、或者從道德和政治觀點去評價法律的目的。凱爾生認為法律是由許多規範構成有層級之分的規範體系，而每一個法律規範的效力都來自更高層級的規範的授權，最高的法規範就是整個法體系效力賴以維繫的「基本規範」，這個法律體系的圖像深深影響了後來的法學，憲法、法律、命令的效力層級結構，就被認為是反映了凱爾生的法學思想。

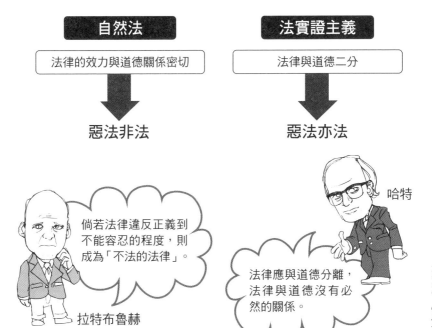

自然法與法實證主義

自然法

法律的效力與道德關係密切

⬇

惡法非法

倘若法律違反正義到不能容忍的程度，則成為「不法的法律」。

拉特布魯赫

法實證主義

法律與道德二分

⬇

惡法亦法

哈特

法律應與道德分離，法律與道德沒有必然的關係。

初級與次級規則─哈特

哈特是英國著名的猶太裔法理學家，他先後在牛津大學學習古代史、哲學與法律，戰後擔任牛津大學法理學講座教授，退休後則致力於整理編纂邊沁的著作。哈特曾分別和哈佛大學教授富勒就法與道德、和英國法官德弗林就同性戀與法律、和德沃金就法律哲學進行論戰。哈特的法律哲學主導了戰後的法實證主義的發展，他堅持法律和道德沒有必然的連結，但其經典著作《法律的概念》卻是從批判奧斯丁的法哲學開始。哈特認為其「法律是主權者之命令」的說法並不能妥適的界定法律，因為拿著槍的搶匪也可以做出具有強制性的命令。在哈特看來，現代法律是兩種規則的結合─初級規則和次級規則。初級規則是設定義務的規則，要求人們從事或不從事某種行為；次級規則是授予權利的規則，由承認、變更和審判三種規則構成。而法律規則便是裁判的法律上唯一根據，若有不足之處，則可由法官自由裁量。

整全法─德沃金

德沃金是哈佛大學法學士，曾任律師和美國最高法院法官祕書，現任教於牛津與紐約大學，他也是在哈特之後的牛津法理學講座繼任者。德沃金認為在法律「規則」之外，體現正義、公平的「原則」也有法律拘束力；並且認為法律裁判不應是法官的自由裁量，而應該有唯一正解，德沃金以自然法的立場和哈特的法理學主張針鋒相對。至於針對法官的裁判，德沃金則提出了「整全法」的思想。他以連環小說的創作為例，說明法官在做法律裁判時，如同連環小說作者的寫作接力─創作尺度並非完全自由；亦非完全受到既有情節的束縛。因為寫作應該符合既有情節，但倘若符合的可能詮釋在一個以上，則應該選擇使作品成為最佳的詮釋，德沃金的「整全法」把法律看成是一個融貫的整體，提供了法官據以裁判的理論。除了法律哲學，德沃金也提出以平等為核心的自由主義，是當代極為活躍的法律和政治哲學家。

哈特的規則理論

法律是兩種社會規則的結合。

初級規則

設定社會成員義務與責任的規則，規範成員的行為

雖可維持社會秩序，但有以下缺失：

 不確定性 ➡ **承認規則**：鑑別初級規則之標準

靜態性 ➡ **變更規則**：藉以創造新規則，改變舊規則

無效率 ➡ **裁判規則**：決定裁判程序

次級規則

授與社會成員權限的規則

複雜的現代社會，需要次級規則彌補僅有初級規則的法體系之不足：

7

驚奇之旅（四）
中國哲學

東周時期諸子百家並起，是中國思想的
黃金時期，幾乎後來兩千年的思想規模
都在此時大致底定。而東周的戰國亂
世，最後由實行法家思想的強秦所結
束，但是真正成為中國文化思想內核
的，卻是儒家和道家的思想。漢朝末年
所傳入的佛教，在漢以後數百年的戰亂
分裂時期大為流行，逐漸發展出與印度
不同的佛學道統。

儒、釋、道三家並為中國哲學的主流。
宋明理學雖然以儒學道統為宗，但是其
實混雜了佛、道的思想色彩。明末以
後，西方衣冠文物逐漸傳入中國，中國
哲學所面對的是外來文化的再次挑戰。

學習重點

- 中國有哲學嗎?
- 孔子是個老學究嗎?
- 為什麼墨子反對儒家的主張?
- 孟子和荀子的評價為什麼不同?
- 老子說的是什麼「道」?
- 莊子如何達到逍遙的境界?
- 宋明理學說的「理」是什麼?
- 什麼是中國化的佛教?
- 當代有哪些哲學思想大師呢?

你將認識

•孔子•墨子•孟軻•荀況•老子•莊子•韓非

中國哲學的特色

淵源廣博的中華文明，在數千年的時間長河之中，各種深刻雋永的哲思此起彼落，從天人關係的反省，對如何安身立命的思索，到宋明的心性之學，迥異於西方哲學的種種課題，讀起來令人備感親切。

中國有哲學嗎？

在介紹中國哲學之前，我們必須先回答一個重要的問題：中國有哲學嗎？的確，哲學是源於西方的學問，在其他文化之中不一定能找到完全相同的思想。在西方哲學史中，也的確有哲學家因為中國不重視邏輯推理，或者沒有對西方哲學向來所重視的存在問題提出一套完整而深刻的看法，而認為中國沒有哲學，黑格爾就是其中最著名的一位。如果一定要和西方古希臘以來的那套想法完全相同才能稱為哲學的話，我們或許可以說中國沒有哲學。不過每個偉大的文明，總是會有人對他所處的文化、所生存的世界、以及對自己做出深切反省，並不是只有西方或者希臘時代的人才會如此，至於要不要稱之為「哲學」，不過是枝微末節的問題。

中國哲學的源起

根據現有的記載，中國在周朝之前幾乎只有敬天、崇天的宗教思想，而少見以理性為主的哲學思維。到了周朝之後，各種哲學思想才漸漸成熟。漢代的劉歆則認為在周朝前期是「官師不分」，就是說政府官吏（官）同時也是他所負責業務相關學術的傳授者（師）。因為世襲制度的緣故，學術和教育只存在於居於統治地位的貴族階級，而沒有「私學」。西周之後王室逐漸失勢，擁有知識的政府官吏紛紛失去爵位、流落各地，為先秦的諸子百家提供了生發的契機，此時民間也才漸漸出現以私人身份教授知識的教師。許多人認為創私人講學風氣之先、並且為後世教育立下典範的，是春秋末年的孔丘，這也是他被認為是「至聖先師」的原因之一。

易經與中國哲學

哲學雖不教人算命，但《易經》卻由一本卜筮之書進而成為哲學經典。它的內容是由陰陽符號構成的圖象和對這些圖象的解釋，它和中國哲學關係十分密切。像是孔子就曾經解釋過《易經》，而《易經》所包含陰陽對立轉化的觀念與道家思想也十分接近。連德國的大哲學家萊布尼茲都覺得陰陽八卦和他所發明的數學二進位法有相通之處。

中國哲學

存在的真相是什麼？

蘇格拉底

─── 西方哲學家 ───
關懷重心：世界、存在

我該如何安身立命？

孔子

─── 東方哲學家 ───
關懷重心：世界、自己

（西元前十世紀之前）

西周早期及之前

敬天、崇天 ⟶ 官師合一、世襲制度，知識保留於貴族王室。

（西元前九世紀）

西周後期

天神權威逐漸削弱 ⟶ 周王室逐漸失勢，擁有知識的官吏流落各地。

（西元前八世紀）

東周

諸子百家興起萌發哲學思潮 ⟶ 進入諸侯爭戰的混亂局面。面對亂世，思想家們紛紛提出各種不同的想法與對策。

中國哲學的特色—以身載道

　　與西方哲學萌芽時期所關心的宇宙間的秩序和存在問題相比，中國哲學家們更重視人在世界上如何安頓自己。這有點像是西方的倫理學但又不完全相同，因為這並不是單一行為是否道德的問題，而是人處在社會之中、甚至處在宇宙之中，要怎麼來安身立命，這是人怎麼看待自己和自己的生命的問題。因此西方哲學家的思想和生平不一定相關，但是許多中國大哲學家的生平卻每每是他們思想的體現，我們可以將中國哲學家看作不同程度的蘇格拉底，因為他的哲學需要他親身生活於其中。德國哲學家費希特說：「什麼樣的人選擇什麼樣的哲學。」但是在中國哲學而言，我們或許可以把這句話反過來說，「一個人選擇了什麼樣的哲學，決定了他會是什麼樣的人。」

中國哲學的論述方式

　　西方哲學的思考方式多半以邏輯推理為主，哲學家用論證的方式表達他們的思想。但許多中國哲學的著作是由簡短的文句所構成，或者是感嘆的言論、或者是意見的抒發。《論語》是彼此沒有緊密聯繫的語錄、《老子》僅有支離抽象的五千言、《莊子》則充滿了寓言和故事；不過也有例外，像是孟、荀或後來宋明儒者的說理和系統性可能要來得好一點，但中國哲學的確不太重視論證的有效性。然而如果用同樣嚴格的標準看待柏拉圖的《對話錄》、笛卡兒的《沈思錄》、或者尼采、海德格的著作，我們會發現並非每個西方哲學家都講究論證的有效性。雖然中國哲學並非全然無視於說理，但比起論證的細緻性，中國哲學家們往往認為「書不盡言、言不盡意」、「得意忘言」，不拘泥執著於文字，而更為講求直觀和感悟。這一點很難簡單的評判是優是劣，但的確是過去中國思想的重要特色。

中國哲學的分期

　　西方哲學可以大致分為古代、中世紀、近代和當代，各時期的思想也都有不同的特色。中國哲學的發展也可以大致區分為四個時期：先秦、兩漢到隋唐、宋明和近代。先秦是中國哲學的萌芽時期，也是中國哲學的黃金時代，諸子百家蓬勃發展，重要者如儒、道、墨、法、名、陰陽等等。在兩漢到隋唐期間，漢朝獨尊儒術，道家演變出玄學思想和道教，其他各家則逐漸沈寂。印度的佛教則於東漢時傳入，道、佛的哲學和宗教在戰亂頻仍、朝代更迭的魏晉南北朝，為中國人提供了心靈上的寄託。而在文明鼎盛的唐朝前後，出現了富涵中國色彩的大乘佛學，與原始的印度佛學有所不同。到了宋明時期，在儒學的復興之下產生了理學，但其實質卻是儒道佛思想的融合。　近代中國則逐漸接觸到西方的思想和知識體系，如何面對西方文明和思想，尋求中國哲學的現代發展，是在佛學傳入之後中國哲學所必須克服的再次挑戰。

中國哲學分期

- 中國哲學萌發時期與黃金時代。
- 諸子百家爭鳴，其中儒、道、墨、法、陰陽等家最為重要。

先秦

（西元前二世紀）

- 儒學在漢武帝時取得官學地位。
- 從道家系統發展出的玄學在魏晉南北朝之亂世時大為流行。
- 佛學於漢代傳入中土，與玄學結合發展出中國化的佛學。

兩漢～隋唐

（西元十世紀）

- 宋明儒者融合儒、釋、道思想提出理學。
- 理學主張存天理去人欲；但心學卻認為真理無須外求，但需「致良知」。

宋明

（西元十七世紀）

- 理學衰微，轉向經典考據。
- 面對西方思潮的衝擊與挑戰。
- 新儒家主張融會西方思想，並且「肯定道德宗教之價值，護住孔孟所開闢之人生宇宙之本源」。

近代

（西元二十一世紀）

現在

君子自強不息──儒家與孔子

「儒」原來指的是精通六經、管理祭祀與民政的飽學之士，他們的任務是通過教化促使國泰民安。不過在孔丘之後，「儒」不僅僅代表這種官職、身分、或者從這些階級流落民間的學者，而是代表以聖人為典範、以天下為己任的知識份子。

至聖先師──孔丘

孔丘是春秋晚期魯國人。他幼年喪父，家境貧寒，曾擔任管理倉庫和牲畜的小官，但很早就立志於學。孔丘在四十歲前後收徒講學，許多學者認為這是中國私人授業的開始。五十一歲走上仕途，歷任中都宰（首都的長官）、大司寇（掌理刑法）、攝相事（兼任宰相職務）。因理念與掌權者不合而離鄉背井，開始周遊列國尋找能夠實踐其政治主張之地，但終未能實現理想。六十八歲時回到魯國，三年後因病逝世。孔丘曾研究整理六經，以詩書禮樂授課，弟子有三千人之多。司馬遷在《史記》中以諸侯等級的「世家」為孔丘立傳，表現了對他的尊重。司馬遷說：「天下君王至於賢人眾矣，當時則榮，沒則已焉。孔子布衣，傳十餘世，學者宗之。自天子王侯，中國言六藝者，折中于夫子，可謂至聖矣！」

天

自古以來，天人關係就是中國思想的重心。透過《尚書》和許多古籍的記載可以發現，周朝以前的中國人把「天」當作是一個具有道德意志和無限權威的主宰者，除了世間萬物，「天」也會干預政治層面的人事。對「天」的期待、盼望到懷疑、怨恨，在史籍和文學作品之中屢見不鮮。孔丘和其他周朝哲學家對「天」態度的轉變，是中國文化從宗教信仰到理性思考的一次昇華。孔丘也相信「天」，談論「天命」（上天的命令），但是他將其中的意義從上天諭示政權轉移的宗教異象，轉化為自我經由學習反省而承擔實踐出來的生命價值和意義。孔丘說「五十而知天命」，他所體認到的天命是什麼，並沒有留下明白的答案，但從《論語》觀之，對於禮與仁的闡述與實踐應該是他最關心的課題。

豁達可愛的孔子

孔子在許多人心中的印象可能只是一副老學究，其實他在《論語》裡也有輕鬆的一面。孔丘周遊列國並不十分順利，至鄭國時，有鄭國人告訴子貢說孔丘的神色「若喪家之狗」，子貢如實秉告老師，孔丘笑著說「是這樣，是這樣！」

禮與仁

在孔丘所處的春秋末年，周朝王室衰微，作為立國精神的禮樂制度也已逐漸沒落，他的後半生就是為傳統的理想社會而奮鬥。孔丘自認「述而不作」，只是紹述先代的禮樂典章而已，但孔丘曾說：「禮云禮云，玉帛云乎哉？樂云樂云，鐘鼓云乎哉？」（註1，P.206）在他看來，禮樂絕對不只是器具制度的問題，更重要的是制度背後所蘊含的內在精神。孔丘認為傳統制度的內在依據就是「仁」，

他說：「克己復禮為仁」（註4）、「人而不仁如禮何？人而不仁如樂何？」（註2）。「仁」是《論語》中出現最多，也是孔丘最為重視的德性，然而孔丘始終沒有為「仁」給出一個統一的定義。他曾用「愛人」、「己欲立而立人、己欲達而達人」（註3）來描述「仁」。而「仁」的實踐則是要推己及人，並且以「禮」為依據，達到人我之間的和諧。孔丘認為實現了「仁」，也就實現了完滿的人生。

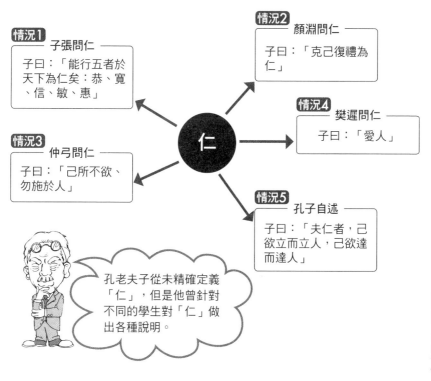

什麼是仁？

情況1 子張問仁
子曰：「能行五者於天下為仁矣：恭、寬、信、敏、惠」

情況2 顏淵問仁
子曰：「克己復禮為仁」

仁

情況4 樊遲問仁
子曰：「愛人」

情況3 仲弓問仁
子曰：「己所不欲、勿施於人」

情況5 孔子自述
子曰：「夫仁者，己欲立而立人，己欲達而達人」

孔老夫子從未精確定義「仁」，但是他曾針對不同的學生對「仁」做出各種說明。

反戰救世的行動派——墨家

孟軻曾說：「天下之言，不歸楊，則歸墨。」韓非則說：「世之顯學，儒墨也。」墨家曾經是先秦時期極為興盛的學派，墨者除了在思想上主張兼愛，反對儒家，在行動上更積極地為反戰非攻而奔走。

墨者首領——墨翟

墨家的創始人是春秋時的墨翟。墨家的門徒並非是坐在書齋裡頭的學究，綁著頭巾的勞動者可能會更符合他們的形象，因為墨者所組成的反侵略軍事團體積極地投入亂世，團體的首領稱為「鉅子」，墨翟就是首任鉅子。根據《墨子》記載，當時楚國準備用大發明家公輸般所製造的新式攻城器械進攻宋國，墨翟試圖勸阻，和公輸般在楚王面前進行攻守模擬。墨翟用腰帶擺成城池，公輸般使用九種不同攻城器械進攻都被擊退。最後公輸般說：「我知道怎樣打敗你，但我不願意說。」墨翟回答：「我知道你的辦法，但我也不說。」楚王問墨翟這是什麼意思，他說：「公輸般想要殺掉我。但是我的弟子禽滑釐等三百人，早就拿著我的防禦器械，在宋城上等候楚國，所以就算殺了我也不能打敗他們取得宋國。」楚王聽了只好放棄攻宋。《墨子》中除了思想的闡述，還論及防禦戰術和守城器械與相關的物理學知識。墨者為和平反侵略而奔走，更是以生命救世的實踐者。

兼愛非攻

墨翟也講仁義，但和儒家不同。他的仁義是指「兼愛」—每個人都應該同等而無差別地愛天下所有人。墨翟認為天下之大害就是強劫弱、眾暴寡，其根源就是從厭人和害人之心所生，如果能夠用愛人、利人之心代替，「國都不相攻伐，人家不相亂賊」，如此才是天下之利，所以墨翟主張「兼愛」。墨翟又主張「天」是愛人的，天意要所有人彼此相愛，並且用禍福做為賞罰，所以人應該要「兼愛」。落實到現實的政治環境，墨翟則主張「非攻」，他的理由是攻伐只有勝敗兩種結果，但即使是勝仗往往需要勞師動眾，所得的戰果也是一片焦土，墨翟從現實利害的觀點反對戰爭。

「不歸楊、則歸墨」，那「楊」是指誰呢？

當時在孟軻眼中最為興盛的學說，除了墨翟「利他」的兼愛，另一個則是與之恰好相反，主張「自利」的楊朱。楊朱的主張和著作今天都已經亡佚，從其他書中只能知道他主張過「拔一毛而利天下，不為。」似乎是種一毛不拔、獨善其身的利己主義。

反儒的主張與墨家的衰微

　　墨翟的主張除了兼愛思想與儒家相對，他甚至明確的指出儒家思想「足以喪天下」。他舉出四點理由來支持這個激烈的言論：儒者不敬天、鬼，則天鬼都不會高興；儒者主張厚葬，還要守喪三年，浪費財富、精力；儒者強調音樂，浪費時間又不能救貧衛國；儒者相信命有定數，讓人民把自己委身命運。從這幾點可以看出墨翟的思想偏重實用，他所批評的儒學在孔丘及後學的發展下，前述指控不一定能夠成立，而墨學在墨翟之後卻後繼無人，沒有能夠進一步拓展思想的縱深。隨著東周的結束，墨學也消聲匿跡，但在後來的史籍中仍不乏為利天下而奔走這種墨家精神的偉大人格。

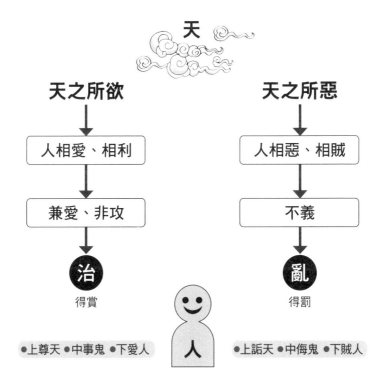

墨家天人關係

天

天之所欲	天之所惡
人相愛、相利	人相惡、相賊
兼愛、非攻	不義
治	亂
得賞	得罰

人

●上尊天 ●中事鬼 ●下愛人　　　●上詬天 ●中侮鬼 ●下賊人

性善與性惡之爭──孟子與荀子

在孔丘之後，許多學者都在孔丘思想的基礎上繼續儒學的發展。其中孟軻與荀況的學說為儒學開創出新氣象，儒學也得以進一步系統化。

後孔子時代

孔丘身後，他所開創的儒學和私人教育都繼續發展。在教育方面，如七十二弟子之一的子夏，晚年於魏國西河講學，學生包括魏文侯、李悝、段幹木、田子方、吳起等人；而儒學方面，根據韓非的說法，孔丘之後儒家分為八個流派：子張、子思、顏氏、孟氏、漆雕氏、仲良氏、孫氏、樂正氏。其中大部分的思想和著作都已經失傳，子思則是孔丘的孫子（名為孔伋，字子思，著有《中庸》），一般認為孟氏指的是孟軻、孫氏則是荀況（有認為古代荀孫通用，亦有認為是為了避皇帝諱而改孫為荀）。孟軻出於子思門下，所以通常把子思和孟軻並稱為「思孟學派」。總之在孔丘之後，儒學出現了不同的詮釋和發展，傳諸後世的主要兩個分支，分別以思孟和荀況為首。

亞聖孟軻

孟軻是戰國時代鄒國人（今山東省境內），字子輿。早年喪父，由母親獨力扶養教育，漢代劉向的《列女傳》記載孟母為孟軻的成長環境而三遷其居，並以切斷織布為喻，斥責孟軻學習半途而廢，他才發憤向學。

孟軻拜入子思門下，學成後遊歷諸國。孟軻曾為齊宣王客卿，但宣王不能用；至梁國，梁惠王亦不認同其想法，他的處境似乎和孔老夫子相去不遠。司馬遷在介紹孟軻時，特別以當時國際人才的取向，來說明為什麼孟軻的主張不能被國君採用：「秦用商鞅；楚、魏用吳起；齊用孫子、田忌等等，都以富國強兵為務，以具有攻城掠地之能者為賢，而孟軻在如此情勢下宣揚三代之德，所以不得志。」晚年孟軻回到鄒國，與弟子萬章等人著《孟子》一書。

仁政與王道

孟軻以孔丘的繼承者自居，抨擊墨翟和楊朱的思想。孟軻認為這兩種思想都對仁義有所妨礙。因為楊朱眼中只有利己，而墨翟的兼愛不分親疏遠近，而在分析事理時只講事物之利害卻無視仁義。孟軻認為：「盡其心者，知其性也；知其性，則知天矣。」人心的內在本質和「天」的道德屬性是相通的。這個「心」也就是「仁心」，表現在政治上為「仁政」。統治者必須以仁義施政，讓人民能安居頤養天年而沒有缺憾，並且重視對人民的禮儀教化。如果統治者

不行仁義，那麼在道德上他根本不配做為一個君王，人民甚至可以殺之而無弒君之罪，因為人民所殺的並非君王，而只是一個獨夫。孟子所持「民貴君輕」的想法，在政治專制的年代裡不斷提醒統治者重視廣大的老百姓，也給予革命者推翻腐敗王朝的理論基礎。

稷下祭酒—荀況

荀況是戰國晚期的趙國人，《史記》並未記載他年輕時的事蹟，不過從荀況五十歲才遊學於齊國稷下，卻當了三任「祭酒」來看，他的前半生大概也是過著學者的生活。根據《荀子》記載，他曾至秦國見秦昭王和秦相范雎，讚賞秦國之政治清明；至趙國和臨武君在趙孝成王前議論兵法。後來因為有人向齊王進讒言，荀況離開稷下到楚國，楚相春申君任其為蘭陵縣令。春申君死後荀況被免官，就在蘭陵住下、著書授徒。荀況弟子甚多，最有名的是韓非和李斯。荀況在儒家中的地位遠不如孟軻，有所謂「孔孟之道」，但「孔荀」卻少有並稱，連孔廟都不一定祭祀荀況。除了後來宋朝的儒家以孟軻儒學為宗的因素，荀況的兩個不討儒家喜歡的學生—李斯、韓非，可能也「連累」了老師吧。

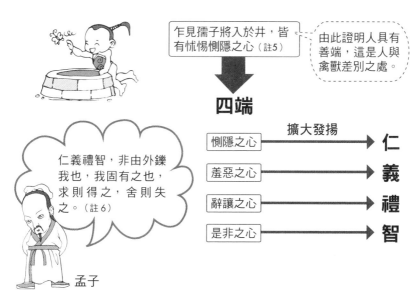

孟子的四端

乍見孺子將入於井，皆有怵惕惻隱之心（註5）

由此證明人具有善端，這是人與禽獸差別之處。

四端

仁義禮智，非由外鑠我也，我固有之也，求則得之，舍則失之。（註6）

孟子

四端	擴大發揚	
惻隱之心	→	仁
羞惡之心	→	義
辭讓之心	→	禮
是非之心	→	智

制天而用之──荀子的理性自然觀

荀況說：「天行有常（規律），不為堯存，不為桀亡。」傳統上道德、宗教所依循的「天」和「天意」，在荀子看來不過是與人事無關的自然規律。與其仰慕、取法甚至怨恨於「天」，不如掌握「天」的運行規律而加以利用。在知識論方面，荀況認為人心是在感官接觸了對象之後才能發揮作用，所以他反對「生而知之」，強調後天學習，而且重點應放在治國修身上，其他則屬無用之辯。荀況也認為遵循禮義才能修身治國，但禮義不出於天，也不是人性之本然。如同西方近代的契約論者，荀子認為「禮」的出現，是因為人的慾望必然發生爭亂，而先王為了避免爭亂，所以制定禮義來合理安排滿足人的慾望和需求。所以「禮」是聖王運用理智制定而成的。而荀況也認為人之所以為人，就是能夠以義區辨是非，並且以此為基礎結合成團體，這都是禽獸做不到的。

性善？性惡？──孟荀的人性論爭

孟軻和荀況雖然都以儒家的孔子為宗，但兩人思想頗多對立，最為著名的就是性善和性惡的差異。孟軻認為人人都有天生的良知、良能，但是人並非因為有良知良能就一定行為善。人和禽獸其實相去無幾，差別在於人具有良知良能，而如何把握人性的這一點兒區別，正是性善論的重要內容。孟軻舉例說，當人突然見到孩童將要掉入井中，一定都會有哀憐之感，因為每個人都有「惻隱之心」，這就是人心中善的開端。但性善並不表示不需努力就能成為聖人，必須把握住善端，加以保持擴充、存心養性，才能成就仁、義、禮、智。荀況則從人的生理本能出發，認為人的本性是「目好色、耳好聲、口好味、心好利」、「饑而欲飽」、「寒而欲暖」、「勞而欲休」，順著這些惡的本性行事，必定招致悖亂的惡果，只有依循聖人以理智所得的禮法仁義教化，才能使人性合於善。兩位大儒對人性的論述雖有不同，但都強調自我精進的努

稷下學宮

「稷」是戰國時期齊都城臨淄城門的名稱。齊宣王於稷門之外設置學宮，招致天下名士於此講學論辯。主事之學者稱為「祭酒」，還有「博士」、「卿」、「上大夫」等職銜爵位。孟軻、荀況都曾被尊為卿，陰陽家的鄒衍則被尊為上大夫。稷下學宮和柏拉圖所創立的學院時間相近，分別代表了東西文明的學術鼎盛時期。

力—孟軻強調修養心性、荀況主張學習聖王之道—方可成就完滿的道德人格。

先秦之後的儒學發展

儒學在先秦的時候雖然號稱顯學，孔、孟、荀也都有許多門徒，但仍只是諸子百家之一。後來儒學成為中國思想的主流，一方面除了思想上的內在價值外，與漢儒董仲舒上書漢武帝「罷黜百家、獨尊儒術」，將儒家經典做為國家拔擢人才的基礎，有很大的關係。

董仲舒是漢朝的儒者，但是他的思想雜入了許多陰陽家的主張。他認為宇宙是由天、地、陰、陽、木、火、土、金、水、人所組成。董仲舒用陰陽五行解釋自然現象，人則是天的副本。他也用陰陽解釋人倫、政治。在政治上的疏誤會觸怒上天，世間會產生災變異常來警告君王加以改正，漢朝此種天人感應的說法極為盛行。在漢武帝之後，儒學成為中國官方的學問，其地位難以動搖，但是似乎也失去了先秦的思想活力。

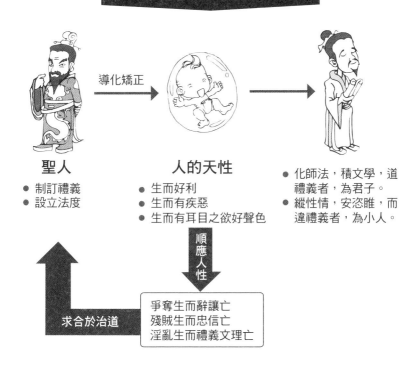

荀子的性惡論

導化矯正

聖人
- 制訂禮義
- 設立法度

人的天性
- 生而好利
- 生而有疾惡
- 生而有耳目之欲好聲色

- 化師法，積文學，道禮義者，為君子。
- 縱性情，安恣睢，而違禮義者，為小人。

順應人性

爭奪生而辭讓亡
殘賊生而忠信亡
淫亂生而禮義文理亡

求合於治道

道可道、非常道──老子

道家崇尚自然，從宇宙天地的生發運行，推演出處世和為政之道。道家思想是中國文化中極為重要的一環，開創道家的《道德經》僅以五千言敘述了天地萬物之道。

東周守藏史──李耳

道家崇尚無為，不過可能是老子的自隱無名太過成功，以至於其真正身份連大史學家司馬遷也不能確定。《史記》中針對老子的「本尊」並列了幾種可能：李耳、老萊子、太史儋。不過後世大都以李耳為主，不過記載也很簡略。李耳是楚國人，曾做過周朝守藏史（國家圖書的管理官員）。根據《史記》的記載，孔子曾到周國向老子問禮，老子要孔子「深藏若虛、容貌若愚，去子之驕氣與多欲。」孔子後來用「龍」對學生形容老子的深不可測。老子久居周國，見周日漸衰敗，想要隱世埋名。本來老子沒有留下隻字片語，但出關時因為守關官吏的要求，才留下僅有五千餘言的《道德經》，後來連司馬遷也莫知所終。

天與道

相對於古代中國敬天的宗教情懷，老子並不把「天」看成有道德意志的主體，他認為天地作育人與萬物，沒有任何是非利害，那麼「天」取法於仁義道德嗎？老子說「天法道，道法自然」，這個「自然」是自然而然的意思，也就是天道本來如此。所以老子說「天地不仁，以萬物為芻狗（祭神用的稻草狗）」。那麼「道」又是什麼呢？老子說：「有物混成，先天地生，寂兮寥兮，獨立不改，周行而不殆，可以為天地母。吾不知其名，故強字之曰『道』」、「道生一，一生二，二生三，三生萬物」，「道」是萬有的源頭，而且不斷周行運動，而其運動有規律可循，老子說「反者道之動」，也就是對立轉化，循環運動。道不但創發萬物，也內在於萬物，老子稱之為「德」。

道教中的老子──太上老君

在野史和宗教的記載中，老子更蒙上一層神祕色彩。漢朝就流傳有老子待在娘胎七八十年，活了兩百多歲的說法，東漢的張陵創設天師道，奉老子為祖師，尊為太上老君，老子從此成為道教神仙的一員。

自然無為

　　雖然老子不講「天命」，但是他也主張人應該取法於天道，「人法地，地法天，天法道，道法自然」。天道既然有循環往復的規律，我們便應依據效法天地間自然而然的常道，順應世界而不是改變世界，老子說：「不知常，妄作，凶」。依據「道」來處世，最重要的是了解「反者道之動」中，物壯則老、物極必反的道理，所以老子要人凡事不要過度、柔弱不爭、謙退質樸。如果能夠知足，凡事也就不會走向極端，所以老子說「知足不辱，知止不殆」，並且要人「致虛極、守靜篤」。老子的無為思想也應用在政治之上，主張無為而治：「我無為而民自化，我好靜而民自正，我無事而民自富，我無欲而民自樸」，為政者須以百姓心為心，「治大國若烹小鮮（烹煮小魚）」，以不擾民為要。

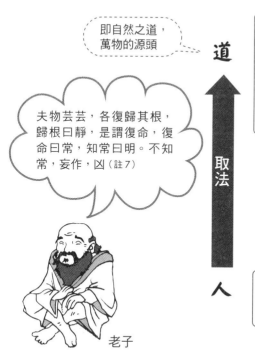

老子的人道關係

即自然之道，萬物的源頭

道

● 有物混成，先天地生，名之曰「道」。
● 道法自然。
● 道生一，一生二，二生三，三生萬物。
● 反者道之動，弱者道之用。
● 天之道，損有餘而補不足。

夫物芸芸，各復歸其根，歸根曰靜，是謂復命，復命曰常，知常曰明。不知常，妄作，凶（註7）

取法

人

● 自然無為
● 致虛守靜
● 柔弱不爭

老子

逍遙遊──莊子

在老子之後，莊子的主張也被許多思想家推崇，其中莊周以汪洋恣肆，富於想像的文字，進一步發展為自由豁達、逍遙養生、適性解脫的道家思想。

逍遙於世間的莊子

莊周，宋國蒙縣人（今河南省境內）。莊周一生逍遙，但他也做過蒙縣的漆園吏（可能是管理林園的小官）。根據《史記》記載，楚威王曾想拜莊周為相，派使節以重金相迎，莊周以廟堂裡被崇高地供奉著、卻失去自由和生命的神龜來比喻當官，說明自己寧願當隻在爛泥地裡打滾的活龜，也不願當廟堂之上的死龜。根據《莊子》記載，莊周與惠施甚為友好，時常與之辯論。莊周死前拒絕了弟子想要厚葬的心意，他認為天地萬物就是他的棺槨和陪葬，弟子說怕屍身被鳥分食，莊周答以不埋被鳥吃，埋了也會被蟲吃，為何對蟲如此偏頗。其思想氣度可見一斑。

寓道於故事奇想之中

莊周善用寓言，往往將道理間接地寄寓在故事之中，《莊子》本身便是先秦時期極為精彩的文學創作。《莊子》開篇的〈逍遙遊〉就說北海有其大千里的鯤魚，牠化為鵬鳥，「其翼若垂天之雲」，飛行的時候「絕雲氣、負青天」、「水擊三千里，摶扶搖而上者九萬里」。莊周先藉大鵬鳥，點出「風之積也不厚，則其負大翼也無力」，談積厚之功的重要，積厚之水方能載大舟。再將大鵬與蓬草間跳躍的小鳥對照，有人認為這是在比較兩者境界的高低，也有認為應該明大小之辨，以各安天性。在〈逍遙遊〉的末了，則是惠施以大到無處舀水的葫蘆，和扭曲到無法為木匠所用的大樹，譬喻莊周思想的大而無用。莊周則認為那是惠施「拙於用大」，大葫蘆可以浮游於江湖之上，大樹則應該放在廣漠之野，我們便可以「徬徨乎無為其側、逍遙乎寢臥其下」。莊周不以世俗觀點看待生命，開闊了遼遠自適的心靈視野。

莊子鼓盆而歌

莊周在妻子過世時敲著盆子唱起歌來，前來弔唁的惠施認為太過分了，罵了莊子兩句。莊周則認為人本為氣所化，生死如同四季運行，了解這個道理還悲傷的哭是「不通乎命」。

安時處順、不以人滅天

莊周認為「氣」是組成萬物、構成生命的基本要素，「人之生，氣之聚也；聚則為生，散則為死」、「臭腐復化為神奇，神奇復化為臭腐。故曰『通天下一氣耳』」。世間無常，現在是人，也許百年後就化為鼠肝蟲臂，且「人生天地之間，若白駒過隙」，那麼人要如何自處呢？莊周認為人應安時處順，「知其不可奈何而安之若命」，坦然面對外在世界的無常流轉，達觀的面對生死禍福以養生盡年。莊周認為「牛馬四足，是謂天；絡馬首，穿牛鼻，是謂人」，人應「盡其所受乎天」，不「以人滅天」。莊周用儵、忽、渾沌的寓言說明這個道理，他們三位分別是南海、北海和中央的帝王，前兩位跟人一樣有七竅，但渾沌沒有。渾沌待儵、忽甚好，他們想要報恩，幫渾沌「日鑿一竅」，七日而渾沌死。

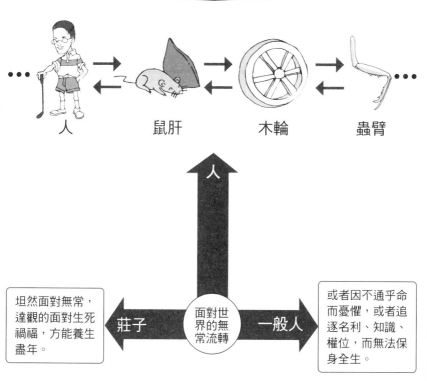

萬物由氣所構成，聚散流變不已

人　→←　鼠肝　→←　木輪　→←　蟲臂

人

面對世界的無常流轉

莊子 ← 坦然面對無常，達觀的面對生死禍福，方能養生盡年。

一般人 → 或者因不通乎命而憂懼，或者追逐名利、知識、權位，而無法保身全生。

以富國強兵為務─法家

東周時各國之間戰事頻繁，周朝的封建體制早已有名無實。在這個被後世稱為「戰國」的時代裡，如何富國強兵才是君王們真正有興趣的課題。法家在這樣的情勢下崛起，而最後統一六國的秦國正是法家思想的實行場域。

法家的源流與發展

周朝原來是一個封建社會，以周天子為核心的貴族階級，形成了相對穩定的統治結構。但從西周末年以來，這個封建制度逐步解體，階級之間發生流動，原來的諸侯國也開始相互侵略兼併。為了進行戰爭，各國不再滿足於周公所制定的禮樂典章，他們需要的是能夠富國強兵的現實手段。法家的思想就在這樣的背景之下興起，而韓非是集其大成，予以系統化和理論化的學者。在韓非之前，法家已經有三派：慎到講「勢」；申不害強調「術」；商鞅則重「法」。而齊國管仲、楚國吳起等政治人物，往往也被看成是法家思想的先驅。不過法家思想的重心並不在於法律和審判方面，而是組織、領導、統御、治國的理論和方法。

統一六國的理論指導者─韓非

韓非出身韓國貴族，寫得一手好文章，但因嚴重口吃而不擅論辯。他與李斯均以荀況為師，當時李斯便自認不如。韓非曾數次上書韓王，但韓王不能用。韓非的著作傳入秦國，秦王閱後大為驚喜，說：「如果我能見到作者，跟他請益討教，就算是死也沒有悔恨！」韓國當時受秦國強攻，情勢危急，韓以韓非為使入秦。秦王見韓非大悅，但李斯卻進言秦王：「韓非是韓國貴族，現在大王要兼併天下，韓非終究還是會向著韓國，與其養虎為患，不如以國法誅之。」秦王一時聽信李斯的說辭，將韓非下獄。李斯私下派人送毒藥給韓非，韓非飲毒而死。不久秦王後悔，想要赦免韓非，但為時已晚。

李斯

李斯出身楚國，受業於荀況。李斯見六國皆弱，入秦為客卿，後為廷尉，統一六國後任丞相。李斯主張焚詩書、禁私學，反對分封，以小篆為統一文字。後與趙高政爭失勢，被腰斬於咸陽、夷三族。臨刑前李斯流著淚回頭問兒子說：「我們還能牽著黃狗在東門外獵兔子嗎？」

法、術、勢三者兼備的帝王統治術

韓非認為作為帝王統治之用，「法」、「術」、「勢」三者都不可偏廢，不過韓非仍以「法」為中心，「術」、「勢」則是用法的手段。他認為治國不需以道德感化，因為教育和仁義都寬緩難行，又失之主觀。君主以法治民，並不需要具備高尚道德或以身作則。而所謂「術」，主要是韓非稱為「二柄」的刑、賞，韓非認為人性就是好利惡害，所以重刑慎賞、公正無私，才能使「群臣畏威」、「禁令可立而治道具矣」。而「勢」則是藉由法的權威使君王擁有威勢。在法家思想中，不再存有封建階級的區別，以法之賞罰一視同仁。梁惠王曾經問孟軻，天下如何能夠安定？孟軻的答案是統一，且只有「不嗜殺人者能一之」。秦一統天下靠的並非仁政，而是以法家思想富國強兵之後攻滅六國，不過秦朝傳到二世就滅亡了。世人都厭惡秦政和法家的苛刻，後來漢武帝曾宣布，研究申不害、商鞅、韓非、蘇秦、張儀思想的人一律不准做官。法家雖然因為秦國暴虐成為箭靶，但是其實許多後來的統治者都「陽儒陰法」，應用法家思想來治理國政。

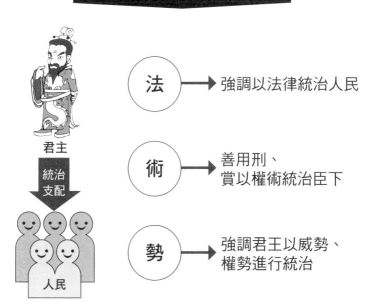

法、術、勢

君主

統治支配

人民

法 ➜ 強調以法律統治人民

術 ➜ 善用刑、賞以權術統治臣下

勢 ➜ 強調君王以威勢、權勢進行統治

佛學的傳入與漢化

佛教傳入中國，是中國文化史上的重大事件。其影響層面極廣，包括宗教、哲學、文學、藝術、政治和百姓的日常生活，最後成為中國文化的一部分。

佛教的傳入

佛教傳入中國確切時間不可考，一般認為是漢朝末年從中亞、西域傳入。身著異服的異國人士，對佛像燒香禮拜，口唸不知所云的經文，佛教當時被認為是有神祕法術的宗教，甚至有人穿鑿附會說佛陀是老子出關後的弟子。佛教進入中國後不久，適逢兩晉南北朝的割據分裂，人民身處亂世，而佛教所敘述的人生無常、生死輪迴和涅槃境界，帶給人們極大的精神寄託。再者出家可免賦役，在動亂艱苦的社會條件下，使得大量人民在經濟因素下出家。隨著西域來華僧人的增多，佛經翻譯事業日趨興盛，大小乘佛教次第傳入中國。歷代統治者大都對佛教加以提倡、信仰，甚至南北朝許多皇帝曾捨宮苑以造佛寺。唐太宗禮遇玄奘、武則天拜禪宗神秀為國師都是重視佛教的著例。

佛學與玄學的結合—六家七宗

漢末以來傳入中國的佛學以注重於「空」的般若宗為主，玄學提倡「有生於無」、「以無為本」正好與般若宗的思想相類，當時有許多高僧就以玄解佛，對「空」意義的不同理解形成了「六家七宗」。其中比較具有代表性的觀點，像是主張從無生有的「本無宗」；色為心所造，所以色即是空的「即色宗」；心不執著於外物則空的「心無宗」。到了印度裔的高僧鳩摩羅什在長安領導翻譯事業，大量譯出佛經之後，般若宗才得以呈顯完整的面貌，鳩摩羅什的弟子僧肇也對夾雜玄學思想的佛學進行批判。

佛性與頓悟

鳩摩羅什的另一位弟子竺道生在中國南方講述佛經，當時他所講授的是只翻譯了部分章節的經文，而此

玄學

漢朝末年儒家經學逐漸走向衰微，又發生迫害知識分子的黨錮之禍，許多讀書人轉而鑽研《易經》和《道德經》、《莊子》等道家經典，清談其中抽象的哲理，稱為「玄學」，盛行於魏晉南北朝。他們崇尚虛無、柔弱，不拘泥於禮法，而且進一步思考「有」與「無」、「自然」與「綱常名教」等問題。放浪形骸的竹林七賢，以及執塵尾談玄說妙的魏晉名士都是玄學思想的體現。

段經文除了記載有佛性的眾生皆能成佛外，並未清楚說明「闡提」（不信因果斷滅善根的人）是否能夠成佛，而「闡提」不能成佛，是當時佛教中人所信仰的「真理」。但道生獨排眾議，主張即使是一個「闡提」也有佛性，當然也能成佛。然而這個看法觸怒眾人，道生因而被逐。但後來完整的經文傳到江南，證明道生的看法才是對的，轟動一時。眾生皆有佛性的想法後來成為中國佛學的重要內容，另外道生還主張成佛並非是積累漸悟的過程，而應該是當下頓悟，這對後來的禪宗與宋明理學都有很深刻的影響。

佛經是誰寫的？

佛經是佛陀在世的言論集，不過是在佛陀過世後才由門徒進行集結，並非佛陀本人所寫。

中國與佛教

東漢末年

佛教從中亞、西域傳入中國

- 主要是儀式器物的傳入。
- 思想方面未對中國文化產生深刻影響。

魏晉南北朝

佛教經典的傳入

- 印度裔僧人來華大量翻譯佛經。
- 佛教與玄學結合，許多人以玄解佛。

隋唐

中國佛教發展成熟

- 出現中國本土的佛教宗派。
- 中國的高僧們發展出的佛學思想，與原始佛學已有不同。如華嚴宗的「法界緣起」、天臺宗的「一念三千」以及注重頓悟的禪宗。
- 隋唐之後，各宗派漸漸式微，但在民間，講求明心見性的禪宗和念佛即可往生極樂的淨土宗流傳極廣。

中國佛教宗派的出現

在長期的佛經翻譯和佛學的發展之後，佛教大約在隋唐時期出現了由中國佛教徒自行創立之宗派，主要有小乘的俱舍、成實二宗；大乘的律、禪、淨土、華嚴、天臺、法相、三論、真言。在思想上具有代表性的則有天臺宗、華嚴宗、禪宗等。天臺宗以「一念三千」為其核心思想，「一念」就是心念的刹那活動，「三千」則是宇宙整體。「一念三千」是指過去、現在、未來的三千世界都只不過是一念之間，存乎一心。華嚴宗的哲學理論在於「法界緣起說」，「法界」包括現象與本體，「緣起」就是指互為因果、相互依存，而「法界緣起」就是指宇宙萬物都處於一個相互依存的關係整體之中，本體即現象、現象即本體，這個包羅萬象的整體又稱為「一真法界」。

禪宗

如果看過禪宗語錄的人，一方面可能會覺得有趣，但另一方面也可能會覺得幾乎不知所云。因為當弟子問佛法時，不是挨一記當頭棒喝、得到不相干的答案，不然禪師就只是靜默。之所以會有這些看似隨口胡謅，或者言語機鋒的對話，主要是因為弟子所問的問題是不可回答的。禪宗認為對於「無」我們什麼也不能說，如果用任何語言文字回答，便落入了「言筌」（語言的牢籠網羅）。所以禪宗講求頓悟而不重經典，講明心見性而不執著於做做樣子的修行。我們從馬祖和懷讓兩位禪師的對話可以看到一點端倪：馬祖在成為懷讓的弟子之前，在衡山獨處坐禪，什麼人也不理。有一天懷讓拿著磚在馬祖跟前磨了起來。久了，馬祖忍不住問：「做什麼？」懷讓答的也簡單：「磨作鏡。」馬祖再問：「磨磚豈能成鏡？」懷讓說：「磨磚既不成鏡，坐禪豈能成佛？」

大乘和小乘佛教

大乘和小乘是印度佛教就有的分別。一般說來，大乘佛教強調普渡眾生，而小乘佛教重視自我如何求得解脫。這兩者的區分在後面印度哲學的部分，還會有更進一步的說明。

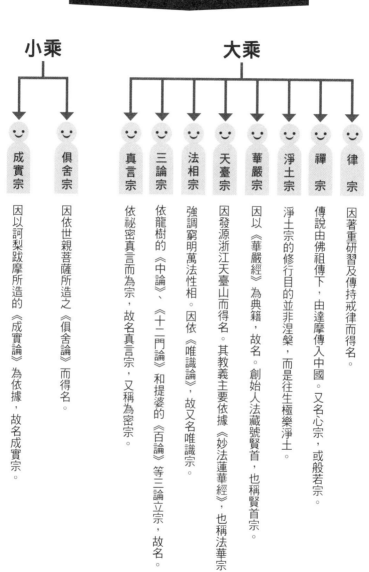

中國的佛教宗派

小乘

成實宗
因以訶梨跋摩所造的《成實論》為依據，故名成實宗。

俱舍宗
因依世親菩薩所造之《俱舍論》而得名。

大乘

真言宗
依祕密真言而為宗，故名真言宗，又稱為密宗。

三論宗
依龍樹的《中論》、《十二門論》和提婆的《百論》等三論立宗，故名。

法相宗
強調窮明萬法性相。因依《唯識論》，故又名唯識宗。

天臺宗
因發源浙江天臺山而得名。其教義主要依據《妙法蓮華經》，也稱法華宗。

華嚴宗
因以《華嚴經》為典籍，故名。創始人法藏號賢首，也稱賢首宗。

淨土宗
淨土宗的修行目的並非涅槃，而是往生極樂淨土。

禪宗
傳說由佛祖傳下，由達摩傳入中國。又名心宗，或般若宗。

律宗
因著重研習及傳持戒律而得名。

儒釋道之匯流──理學

中國自漢末以來的數百年分裂，一開始是由道家演變而來的玄學成為思想主流，後來印度傳入的佛學更是大為流行。隋唐統一中國後儒學再次抬頭。但儒家思想的真正復興，則要等到宋朝的儒者以「理學」回應時代的需求。

上承先秦儒家「道統」

對於佛老的盛行，儒家的知識份子韓愈曾批評佛教是夷狄之法，與中國文化不合。韓愈曾說：「斯道也，何道也？曰：斯吾所謂道也，非向所謂老與佛之道也。堯以是傳之舜，舜以是傳之禹，禹以是傳之湯，湯以是傳之文、武、周公。文、武、周公傳之孔子，孔子傳之孟軻。軻之死不得其傳焉。」這個說法就被稱為「道統」。韓愈認為儒家的「道統」到孟軻就失傳了，之後的儒學都不夠純正。「道統」的說法啟發了許多儒者復興儒學的想法，韓愈以後的儒者也多以上承孟軻「道統」為己任。不過雖然此時的儒者都自認上承孔孟道統、排拒佛老思想，但從其著作言論和思想的實質內容來看，其實道家、佛家的哲學思想早已為宋代的理學家們所融合繼受。

朱熹

朱熹出生於今天的福建龍溪，他是南宋進士，歷任地方公職，曾在中央任官四十天，但因黨爭被指為「偽學逆黨」而革職。朱熹講學於白鹿洞書院，並曾和理學另一派的哲學家陸九淵在鵝湖寺辯論，轟動一時，史稱「鵝湖之會」。朱熹著作極多，其中影響最深遠的是《四書集注》。因為元仁宗於一三一三年發布命令，以「四書」為國家考試科目，而朱熹的註解是官方指定教材。也就是希望博取功名、在朝為官之人都必須遵照朱熹的集注來解釋這些經典。這個標準直到一九〇五年清朝廢科舉考試為止，可見朱熹思想影響之大。時至今日，在香火鼎盛的文昌帝君旁往往可以發現配祀的朱夫子像，而如果到孔廟參觀，也會發現朱熹是先秦之後唯一能入祀大成殿的儒者。

北宋五子

朱熹集理學之大成，不過理學的諸多概念和問題意識在北宋時期就已形成，其中最為有名的五位儒者被稱為北宋五子：邵雍、周敦頤、張載、程顥、程頤。其中朱熹的看法多承繼自程頤，所以兩人的學問常並稱「程朱之學」。

「理」與「氣」

朱熹哲學的核心就是「理」。他認為只要有一個事物，便有此項事物之「理」，且「理」是永恆且先於物而存在的。宇宙全體的「理」的總體稱為「太極」，而「太極」也內在於宇宙萬物之中。但是這個「太極」是一而不是多，朱熹用「月印萬川」但只有一月，來說明這個道理，所以萬物所包含的「理」是相同的，因為萬物的性質就來自於「理」。事物雖然依「理」而成，但「理」終究還是形上而抽象的，如何能構成具體的事物呢？朱熹承繼張載「氣」的看法，認為事物的形體是由「氣」所構成。程頤和朱熹說「性即理」，「太極」在包括人在內的萬物之中，但因為人所稟受於「氣」者各不相同，「理」的顯現也就各不相同，而使人有賢與不肖的差別。

格物致知

朱熹認為「理」內在於人，而「理」之中也包括仁、義、禮、智等道德原理。然而因為人的「氣稟」使內在於人的「理」隱然不彰，讓人為物欲所蔽，所以問題就在於如何重新認識到「理」，如何「存天理、去人欲」，朱熹認為要透過「格物致知」。《大學》中提到的「格物、致知、誠意、正心、修身、齊家、治國、平天下」，朱熹將其中的「格物

致知」與理學結合，詮釋為透過具體的事物來獲知內在於其中之「理」，並且時存「敬心」，因為「敬則私欲不生，必心湛然，不流放開去，自然萬理畢顯」。朱熹認為「致知」和「用敬」是自我修養的兩項工夫，窮天下之「理」也就是窮人性之「理」，「一旦豁然貫通焉，則眾物之表裡精粗無不到，而吾心之全體大用無不明矣」，《大學》所提到的其餘條目也就能依序完成。

陸九淵與王守仁

陸九淵出生於今江西省，是南宋進士，三十七歲時曾與朱熹辯論於鵝湖寺，後來應朱熹之邀到白鹿洞書院講學，晚年則在象山講學，人稱象山先生。王守仁則是明朝浙江餘姚人，因為結廬於會稽山陽明洞旁，人稱陽明先生。他說自己「初溺于任俠之習，再溺於騎射之習，三溺於辭章之習，四溺於神仙之習，五溺於佛氏之習。正德丙寅始歸正於聖賢之學。」也就是三十五歲才開始研習儒學。王守仁為了實行朱熹的「格物致知」，有一次他專心「格」竹子這個「物」七天七夜，但是什麼「理」也沒有得到，人也累病了。後來他因直諫犯上，被朝廷謫貶到貴州山區，一個夜裡突然大悟，開創了「心學」。陸九淵和王守仁的思想是與程朱理學對立的重要學派，又稱為「陸王學派」。

心即理

　　朱熹認為宇宙的本原在於「理」，但陸九淵則認為在於「心」。他說「宇宙便是吾心，吾心即是宇宙。」陸王並不是反對「理」，而是認為「理」就在人心之中，不假外求。朱熹認為「心」是「理」與「氣」的具體化，並不等於「理」，今天即使沒有人存在、沒有心存在，「理」也還是存在的；但陸王認為沒有「心」就沒有宇宙萬物、更沒有「理」。有一次王守仁的朋友指著一棵開滿花的樹問他：「你說心外無物，但是這棵樹在深山中花開花落，這跟我的心有什麼關係？」王守仁答道：「爾未看此花時，此花與爾心同歸於寂。爾來看此花時，則此花顏色，一時明白起來。便知此花，不在爾的心外。」

致良知

　　既然「陸王」認為「心即理」，所以最重要的是回復沒有被蒙蔽的本心。陸王認為在我們對事物做出本能的反應時，此心就會把自己顯示出來。就像孟軻舉過「乍見孺子將入於井」的例子，我們對事物的當下反應和道德直覺，會讓我們自然而然的知道是非所在，王守仁將其稱之為「良知」。所以我們所要做的就是遵循良知，付諸實踐，也就是所謂「致良知」。所以陸九淵認為最重要的並非讀聖賢書，而是在於「本心」，「學苟知本，六經皆我注腳」。而陸九淵認為回歸「本心」的方法只需要自省內心，並非像朱熹所說的需要「格物」才能「致知」。陸王不拘泥於書本經典，直接教人遵循良知，方法簡便精要，雖然「心學」並沒有成為官方哲學，但是影響仍然深入民間。

理學時代之後的發展

　　程朱、陸王之學雖然再創中國哲學的高峰，也為儒學建立了形上學的基礎，但是後學卻每下愈況。程朱哲學在科舉考試之下，漸漸被當成不過是進入仕途的墊腳石，追求功名利祿勝過了天理人欲之分；陸王哲學強調的「致良知」發展成僅僅是掛在嘴邊的口頭禪、不學無術，顧炎武就批評他們是「清談孔孟」。明末清初的知識份子漸漸排斥走入虛無的理學，而清政府又屢興文字獄，使得讀書人轉而投入古代典籍的考據工作，因為他們做學問的方式如同注疏經典的漢代儒家，所以被稱為「漢學」，又稱「樸學」。中國哲學此時走到了一個沉潛的階段，然而在新時代的思想來臨之前，西方思想已迫不及待的進入中國。

程朱理學與陸王理學

程朱的修養工夫

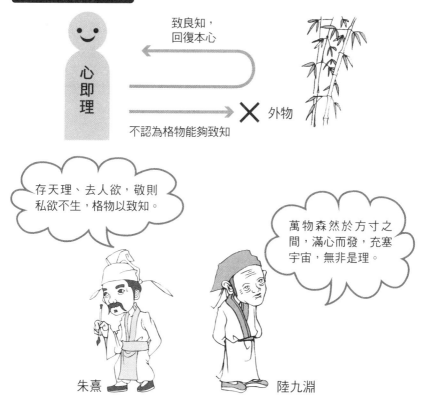

理為物欲所蔽，
故須用「敬」

理

外物

格物致知

陸王的修養工夫

致良知，
回復本心

心即理

外物

不認為格物能夠致知

存天理、去人欲，敬則
私欲不生，格物以致知。

萬物森然於方寸之
間，滿心而發，充塞
宇宙，無非是理。

朱熹

陸九淵

當代中國哲學

面對外國思想文化在中國的散播和影響，梁漱溟深刻的指出中國文化並非遜於外國文化，馮友蘭和熊十力則對「哲學」究何所指，提出自己的看法。對西方思想文化的態度，胡適主張全盤西化；新儒家則主張融會西學，尋求中國哲學的現代意義。

中國該往何處去？

從十六世紀（明朝末年）開始，耶穌會傳教士陸續將自然科學和基督宗教傳入中國。但是傳統中國多將外國人視為夷狄，是低俗、野蠻、未開化的同義詞。不過，從一八四○年的鴉片戰爭開始，中國以屈辱的方式再次站上世界舞臺，中國人也開始思考「中國該往何處去？」梁啟超曾在一九二二年時如此歸結這個時代：「近五十年來，中國人漸漸知道自己的不足了……第一期，先從器物上感覺不足……於是福建船政學堂、上海製造局等漸次設立……第二期，是從制度上感覺不足，所以拿變法維新作一面大旗，在社會上開始活動……第三期，便是從文化上感覺不足……革命成功將近十年，所希望的漸漸落空，覺得社會文化是整套的，要拿舊心理運用新制度，絕計不可能，漸漸要求全人格的覺醒。」十九、二十世紀之交的中國哲學便是處在這樣的艱苦環境。

五四運動與文化大革命

既然「拿舊心理運用新制度，絕計不可能」，一九一九年陳獨秀在《新青年》雜誌指出「只有提倡民主、科學，擁護『德先生』、『賽先生』才能救中國」，引發了批判甚至否定傳統的新文化運動。同年五月四日北京師生發起「外抗強權，內除國賊」的示威遊行，同時也把新文化運動擴展到全國各地，稱為「五四運動」。其間「不讀線裝書、打倒孔家店」的西化派和維護傳統的保守派針鋒相對，雖然「五四」的影響主要在於社會文化方面，並沒有產生深刻的哲學思想，不過民主與科學的觀念的確對中國影響深遠。中國另一波反傳統浪潮則發生在一九六六到七六年，全稱為「無產階級文化大革命」。毛澤東宣稱資產階級與反革命分子已經滲進所有領域，只有實施文革予以全面揭發，無產階級才能重新奪回權力，自此中國陷入瘋狂的十年。孔門思想再一次被認為是復辟倒退、妨礙文革而被加以批鬥。知識分子在此一時期多被冠上「反動學術權威」，奪去教職和研究工作，包括哲學在內的整個知識界、甚至整個社會的發展都為之停頓。

梁漱溟

梁漱溟早年醉心佛學，曾於北大任教印度哲學，後來轉入儒學。曾投

入鄉村建設運動，致力社會實踐。中華人民共和國成立後，反對毛澤東的階級鬥爭，文革時屢遭批鬥。梁漱溟的重要著作《東西文化及其哲學》，是一九二〇年的演講集結，他從比較的立場重新檢視中國文化與哲學。他以人的「意欲」來說明中、西、印文化的特徵。他認為西方順著「意欲」一直向前，因此是奮進的；印度逆著「意欲」向後看，想要根本取消當前的問題或要求；中國文化則是「意欲」的調和持中，是一種隨遇而安。而中國文化的代表就是孔子儒學，其核心便是以「仁」為基礎的家族倫理。他認為中西哲學的區別是「情意」與「理智」，或者「理性」與「理智」的區別，而「理性」是建立在「情」之上的，「理智」則是建立在「知」之上的。梁漱溟在民國初年傳統和西化的對立氛圍中，在世界架構下對中國文化做出卓越的觀照，又能不陷於狹隘的文化優劣爭執，使國人能夠對民族文化有所自信。

胡適

　　胡適是哥倫比亞大學哲學博士，師從哲學家杜威。回國後於北大任教，歷任駐美大使、北大校長、中研院院長。胡適的研究領域遍及文、史、哲，在思想上的貢獻主要是他用以研究的哲學方法，也就是「實驗主義」。在歷史上注重制度或學說的因果，並將一切學說知識都當成是待證的假設，也就是所謂「大膽的假設、

小心的求證」。他主張使中國人從傳統禮教中解放出來、提倡儒家以外的諸子以開思想自由之風、重視科學與民主，甚至全盤西化、反對傳統。胡適在政治立場上則力持民主憲政，他在國民黨流亡來台時支持雷震結合台灣本土精英組黨；致函蔣介石要他辭去國民黨總裁，使黨內派系形成政黨，以利多黨政治；蔣介石想要修改臨時條款連任第三任總統，胡適以國民大會主席的身分公然反對，經過勸導還是投下空白票。這些作為都是發生在台灣戒嚴時期的高壓肅殺氛圍之下，更顯其知識分子風骨。

熊十力

　　熊十力年輕時曾參與辛亥革命和護法運動。護法失敗之後，決意專心從事哲學研究，研讀儒佛。歷任北大、浙大教授，《新唯識論》為其代表著作。中華人民共和國成立後，熊十力曾被邀請出任北大校長，但為其所婉拒。文革時曾被當作「反動復古主義」而遭到批鬥。熊十力認為哲學上的根本問題就是本體與現象，他稱為「體」、「用」。熊十力認為宇宙中僅有本體是真實的，現象只是本體的幻現，不能獨立存在。哲學的目的就是要透過現象去把握真實的本體。他認為本體與現象不能分離，是一而二、二而一的關係，超脫現象去尋找本體是錯誤的，現象是本體的一種作用，而不能與本體割裂，這也就是「體用不二」的本體論。熊十力

認為本體是一種恆常的變動，他稱為「翕（攝聚收凝）辟（剛健自持）之變」，這兩種作用相反相成，使宇宙生生不息。而關於本體的便是哲學上的真理、而關於現象界則是科學上的真理，科學必須以哲學為基礎，否則只是妄執外境。熊十力強調本體就在心中，須透過「反求自識」的修養，才能認識到哲學的真理。

馮友蘭

馮友蘭是哥倫比亞大學哲學博士，任教於北大、清大，其《中國哲學史》是當代的經典著作。他在文革時曾遭迫害，晚年又再寫就《中國哲學史新編》。馮友蘭認為哲學研究的對象是「真際」。他將事物分為三個層次：第一個層次是以感官知覺的「實際事物」，像是土地上的一棵樹；第二層次則是以抽象思維能力把握的「實際」，如對「樹」的統稱；第三個層次就是「真際」，也就是樹之所以為樹的說明和解釋。所謂「真際」也就是理的世界，理在「真際」之中而不在事物之內，更不在心之內，因為心也是形而下的實際事物。理是先天而永恆的，在沒有事物之前，已有事物之理。至於人生實踐的面向，馮友蘭則將人的精神境界分為「自然」、「功利」、「道德」、「天地」，以知天盡性、貢獻於宇宙的「天地境界」為最高，境界並不是知識，而是「安身立命」的問題。

當代新儒家

面對當代西方思潮的傳入與影響，有儒學學者主張上承宋明儒的心性之學，並對西洋哲學加以融會轉化，使儒學能有新的發展，這一派思想被稱為新儒家，一九四九年後因為中國政權對內的思想箝制，新儒家只有在海外延續。一九五八年，唐君毅、牟宗三、張君勱、徐復觀四位學者，聯名發表〈為中國文化敬告世界人士宣言〉，又被稱為「新儒家宣言」。指出中國文化雖有病但未死亡，中國的心性之學，就是中國文化生命力和中國哲學的核心之所在。他們致力於闡明儒學的當代價值、在中西哲學的匯通之下論述儒學。牟宗三認為現代新儒學的任務是「道統之肯定，即肯定道德宗教之價值，護住孔孟所開闢之人生宇宙之本源」、「學統之開出，此即轉出『知性主體』，以容納希臘傳統，開出學術之獨立性」、「政統之繼續，此即由認識政體之發展而肯定民主政治為必然」。

牟宗三

牟宗三，畢業於北大哲學系，先後任教於中央、金陵、東海、臺大、香港大學等校。獨力翻譯康德的三大批判，並以中國哲學和康德哲學相互詮解。康德區分了現象與物自身，認為人只能認知現象，而物自身不可知，牟宗三則認為中國哲學可以避免康德哲學之困境。他認為儒家的「性智」、道家的「玄智」、佛家的「空

智」，都是一種「智的直覺」，從人的道德意識顯露出「自由無限心」，「自由無限心」是道德實體，也是形上的實體，所以從此心可以成立本體界的存有論。但「自由無限心」要如何成立現象界的存有論呢？牟宗三認為透過將「道德自我」轉化為「認知自我」，便可以成立「現象界的存有論」，他將此稱為「良知的自我坎陷」。他用佛經中的「一心開二門」比喻以「自由無限心」成立本體界、現象界的兩層存有論，從而避免了物自身不可知的難題。而中國之所以沒有發展出以知性為主的民主與科學，在牟宗三看來就是因為中國哲學的理性自覺自律，其直覺智悟境界遠超知性認知所致。

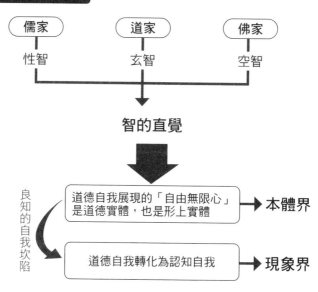

當代新儒家

新儒家 ＝ 儒家道統 ＋ 西洋哲學

匯通中西哲學，闡明儒學當代價值

牟宗三的中國哲學觀

| 儒家 | 道家 | 佛家 |
| 性智 | 玄智 | 空智 |

智的直覺

良知的自我坎陷

道德自我展現的「自由無限心」是道德實體，也是形上實體 ➜ **本體界**

道德自我轉化為認知自我 ➜ **現象界**

8

驚奇之旅（五）
傳統印度哲學

印度是一個具有悠久歷史的古老文明，其哲學思想起源於宗教性質濃厚的吠陀文獻，哲學後來的發展幾乎也都與宗教的各個流派相關，從業報輪迴、尋求解脫、到宇宙與人之間的關係，印度哲學與印度宗教往往難以二分。本篇主要介紹傳統的印度哲學，當時的思想派別因宗教立場的不同而有所區分，承繼婆羅門教吠陀聖典的哲學思想被稱為正統派，有數論、瑜珈、正理、勝論、彌曼差、吠壇多六派；而不認為吠陀文獻有神聖意義、不屬於婆羅門教傳統的非正統派哲學，則包括了佛教哲學、順世論哲學、耆那教哲學、阿耆維教哲學等等。

學習重點

- 印度哲學有什麼特色？
- 什麼是「吠陀」和「奧義書」？
- 婆羅門教有哪些重要思想？
- 沙門思潮出現了哪些重要教派？
- 佛教在印度發展如何？

印度哲學的特色

印度哲學源於印度宗教，但是印度哲學始終沒有脫離宗教色彩。而在印度獨特的社會制度和宇宙觀之下，印度哲學發展出各式各樣的相應解脫之道。

從宗教看印度歷史

自古以來，印度民族便有許多不同的宗教信仰，其中多數都與外來侵略有關。在西元前二千五百年至二千年間，印度就出現了使用青銅器的都市文明，生活各方面似乎都達到了很高的水準，但西元前一千五百年左右，雅利安民族大舉入侵，成為印度文明的主體，雅利安文明產生了婆羅門教，也就是後來印度教的前身；在恆河流域則產生了耆那教、佛教……等新興宗教。西元八世紀之初伊斯蘭教徒入侵印度，佛教在印度走入尾聲，伊斯蘭教則從此時在印度開始萌芽，也開啟了與印度教之間數百年的對立。英國從十八世紀開始在印度的殖民則又帶來了基督宗教，直到二次大戰後，印度才脫離殖民統治而重獲獨立，但又分出了巴基斯坦這個伊斯蘭教國家，印、巴兩國到今天仍處於對立狀態。

古印度的宇宙觀點

古印度文明認為我們所生活的大地在整個宇宙中，只是十四個世間的一個，每個世間彼此相距數億「由旬」（「由旬」是印度計算里程的單位，如何換算有許多說法，不過通常認為四十里為一「由旬」）。而在無限的宇宙中有數億個這樣的世界。而印度人的時間觀也是同樣浩瀚，他們認為時間是在造物主「梵天」的晝夜交替下無窮的推演，「梵天」一晝是人類的四億三千二百萬年，這個時間也是每次宇宙被「梵天」創造出來後所持續的時間；「梵天」一夜則是宇宙的破壞，如此循環不已。如此的宇宙觀，使得人生顯得無比短暫，追求持久的價值以及重視不受時空限制的永恆精神，幾乎是印度思想家們的共通想法。

悠遠難解的印度歷史

印度歷史的悠久不下於中國，但是由於中國自古設有史官，所以對於史事多有記載，而印度人可能認為現世僅為虛幻之故，並沒有這樣的史官傳統；加上印度的宗教氛圍，許多僅有的記載又以神話的形式呈現，印度歷史更為模糊難解。有時印度甚至需要靠其他文化的記載（像是玄奘留學印度的資料）來確定自己的歷史，許多人物生存的年代在不同的資料裡甚至可以相差到千年之久。

印度簡史表

西元前25世紀	● 印度已有文明出現，當時已有度量衡、文字、溝渠及運河。 ● 從考古遺跡可看出完善的都市計劃，但當時的思想文化已經亡佚。
西元前15世紀	● 雅利安人自中亞入侵印度，將印度的原住民驅逐到南印度。 ● 建立不平等的種姓制度。 ● 吠陀成為婆羅門教的經典與核心，宗教崇拜是印度思想的核心。
西元前6世紀〜前2世紀	● 各種宗教和哲學思潮萌芽，包括正統的婆羅門教哲學，以及革新派的佛教、耆那教等等。
西元前2世紀〜5世紀	● 孔雀王朝和笈多王朝為印度的強盛時期。孔雀王朝的阿育王奉佛教為印度國教，笈多王朝時，印度學術成就則有長足進步。
西元5世紀〜15世紀	● 印度外患不斷，匈奴和中亞的回教徒一再入侵印度。 ● 印度的哲學思想漸趨衰微。 ● 佛教甚至於十三世紀時在印度本土消失。
近代	● 印度歷經長時間的戰亂分裂，在十五世紀時被回教帝國蒙兀兒王朝所統一。 ● 十七世紀則被英國所殖民，國運衰頹。 ● 一九四七年脫離英國殖民，印度獨立。

種姓制度

印度在雅利安人入侵之後漸漸發展出種姓制度，這是一種包含「婆羅門」（雅利安人中的祭司）、「剎帝利」（貴族）、「吠舍」（從事工農的庶民）、「首陀羅」（奴隸、賤民）的四個階級的世襲制度。「婆羅門」是雅利安人之中世襲的祭司階級，在宗教上享有絕對的權威，是唯一能進行祭祀、與神溝通的階級，所以他們的宗教也稱為「婆羅門教」，而地位最低的「首陀羅」則是被雅利安征服的印度原住民。在階級之間的差別森嚴，階級較低者受到壓迫和歧視，連目光和影子也不被允許碰觸到高階級的人。因為印度文明中「輪迴」和「業」的觀念，整個社會對這種不公正的現象長期加以漠視。但主張四姓平等的佛教，也因此在中世紀時的印度盛極一時。

印度哲學與宗教的關係

從恆河邊人們日復一日淨身洗罪的神祕氛圍，便可以知道印度文明的精神核心就在於宗教，而印度哲學從最初的吠陀開始就與宗教不能分離。但是印度宗教不僅僅是單純的信仰與崇拜，在不同教派思想的發展過程中，也以理性思辨處理關於人的存在、物的本質、邏輯、知識論、倫理學等等哲學問題，其信仰的對象則從傳說、天啟的人格神，逐漸發展為一套經過理性思索的世界觀、以及依循這個世界觀所相應的解脫之道，所以在印度文明的宗教外衣之下其實含有許多深雋的哲學思想。

印度哲學的發展與分期

古代印度哲學的發展大致依宗教的發展情況而有所演變。印度最早的哲學思想見於吠陀文獻之中，雖然其中多為宗教神話和詩歌祭辭，但是其中所蘊含的思想也是後來印度哲學的雛形；到了西元前六世紀到西元前二世紀左右，各種哲學思想爭鳴，除了婆羅門教正統哲學的萌芽，不受婆羅門思想拘束的修行者也創造了不同的哲學傳統，像是佛教、耆那教、順世論等等，相關思想經典也於此一時期紛紛出現。傳統印度哲學持續發展到中世紀之後，佛學、順世論、阿耆維教哲學漸漸衰微，婆羅門教正統哲學成為神學的附庸，僅以為宗教經典註疏為務、密教和神祕主義盛行。伊斯蘭勢力進入印度後，回教和錫克教（融合了印度教和回教的印度宗教）甚至在印度取代了佛教，成為印度的哲學主流。中世紀以前的傳統印度哲學發展是印度哲學最有活力、也最為精采的時期。

印度思想

印度哲學

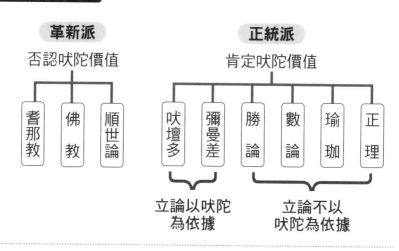

革新派

否認吠陀價值

- 耆那教
- 佛教
- 順世論

正統派

肯定吠陀價值

- 吠壇多
- 彌曼差
- 勝論
- 數論
- 瑜珈
- 正理

立論以吠陀
為依據

立論不以
吠陀為依據

古印度的宇宙觀

印度哲學以理性思辨處理
哲學問題，在宗教的外衣
下富含深雋的哲學思想。

現存的世界是十
四世間中的一個

世間

世間

世間

現存
世間

世間

每個世間相
距數億由旬

在無限的宇宙中有
數億個這樣的世界

吠陀與婆羅門教思想

「吠陀」（梵文有「神聖的知識」之意）是距今三千年左右的古印度宗教歷史文獻，包括早期富有神話色彩的《吠陀本集》，一直到晚期以抽象思維探討宇宙人生的《奧義書》。「吠陀」不但是婆羅門教的經典，也是印度哲學的起源。

天啟經典

　　婆羅門教認為流傳久遠的「吠陀」是遠古聖者受神的啟示所說所寫的，視之為絕對真理所在。總稱為「吠陀」的這類文獻，包括了《吠陀本集》（狹義的「吠陀」）、《梵書》、《森林書》、《奧義書》。《吠陀本集》是吠陀文獻中年代較早的，內容多半是對神的讚歌、祭詞、咒語、詩篇，婆羅門教重視的便是對神的祭祀，甚至認為祭祀萬能。到了晚期的《奧義書》，則著重在敘述婆羅門教哲學的核心概念「梵」，並提及了輪迴、解脫和萬物本源等問題。後來婆羅門教的各派別都將這些天啟經典賦予神聖的意義，印度在中世紀時則把吠陀看作是一切智識的泉源，這些經典的內容也成為印度哲學的共同淵源。時至今日，不但婆羅門祭祀時仍遵循吠陀，連印度人進行出生、結婚、死亡等儀式時，仍依照吠陀所記載的儀式進行。

梵我合一

　　在早期的吠陀文獻中，「梵天」是眾神之一，後來演變為創生萬物的大神，萬物都仰賴「梵天」而存在，萬物毀滅後又歸於「梵天」。婆羅門教的重心便在以吠陀詩歌讚頌祭祀神明、祈福避災。但在《奧義書》之後，「梵」則多半被描述成超越感官經驗，且為一切事物本體的宇宙精神或宇宙靈魂。在《奧義書》裡對於「梵我關係」的各種觀點中，以「梵我合一」（或稱「梵我一如」）的觀點最為重要。「梵我合一」也就是作為萬物本體的宇宙靈魂「梵」，和萬物其實是同一的。所以人的個別靈魂或精神和「梵」在本質上是同一的。然而人往往不能認識到這一點，以至於個別精神遭受束縛而不斷輪迴，若能使「我」與「梵」合而為一，則能夠脫離輪迴、達到解脫。

輪迴解脫

　　在《奧義書》中所提及的「業」，是決定輪迴的一個重要概念。「業」是

為什麼稱印度文為「梵文」？

印度人傳說他們的文字是「梵天」所造，所以中文稱印度文為「梵文」。

人的行為，也意味著善惡均有其報的規律和人的行為所產生的效力。一個人不論何時做了什麼行動、或者心中有什麼念頭，就一定會產生結果，這個結果就是業的報應。一個人的存在，就是一連串的因果造成的。印度人的業報並不是只侷限在今生今世，今生只是整個過程的一部分，所有人的行為都會依其善惡，產生相應利益或懲罰的後果，像是現世的階級血統就是前世的「業」所造成，而今生的「業」則在來世輪迴中得到果報。一般的善只能讓人在來世有較好的輪迴，但如果能達到梵我合一的至善，則可以從「業」的力量之中解脫，實現將自我歸入永恆的狀態，也就是進入「涅槃」。

苦行主義

在初期的吠陀文獻裡，有許多以解脫為目的的苦行方式，像是長時間凝視火焰、以單腳站立、斷食、停止呼吸等等。在《奧義書》裡則提到「四住期」的說法，是除了首陀羅以外的三個階級所應遵循的生活歷程。所謂「四住期」，就是將人生百年分為四個階段。第一階段「靜行期」要出家學習吠陀；第二階段「家居期」要結婚、生子、施行祭祀；第三階段「林棲期」，進入森林之中，以便過著純宗教的日子；第四階段「遁世期」，這時要在聖地之間乞食巡禮。此種生活是種姓制度中的上三姓—特別是婆羅門姓的生活歷程，而不適用於賤民階級的首陀羅族姓。

吠陀（廣義）

吠陀本集	●為較早期的吠陀文獻。 ●多為對神的讚歌、祭詞、咒語、詩篇。 ●宗教型態由多神崇拜逐漸演變為主神崇拜。
梵書	●在本集之後的神學文集。 ●內容敘述祭祀的儀式，並探討祭祀的起源、意義與價值。
森林書	●因年長的修道者引退森林中撰寫而得名。 ●對真理本質的思考代替了對於祭祀的重視。
奧義書	●為廣義吠陀的最後一部分，所以又被稱為「吠檀多」（「吠檀多」有最後之意）。 ●不再要求人實踐吠陀的祭祀，而是討論能使人解脫的知識，是吠陀經典的一大變革。

婆羅門教認為「吠陀」是遠古聖者受神的啟示所說所寫的，是絕對的真理。

梵我合一、輪迴解脫

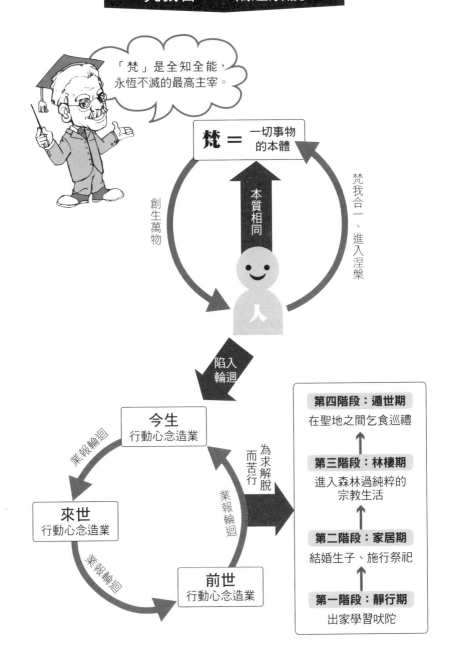

「梵」是全知全能，永恆不滅的最高主宰。

梵 = 一切事物的本體

本質相同

創生萬物

梵我合一、進入涅槃

陷入輪迴

今生
行動心念造業

業報輪迴

業報輪迴

為求解脫而苦行

來世
行動心念造業

業報輪迴

前世
行動心念造業

第四階段：遁世期
在聖地之間乞食巡禮

第三階段：林棲期
進入森林過純粹的宗教生活

第二階段：家居期
結婚生子、施行祭祀

第一階段：靜行期
出家學習吠陀

解脫的另一種可能—沙門思潮

婆羅門教並不是印度唯一的宗教和思想，不滿於婆羅門的修道者出家試圖尋找理解世界、求得解脫的另一種可能，佛教、耆那教等新興教派便是這些沙門修行和思考的成果。

沙門與新興宗教

信仰吠陀聖典，以及提供世襲「婆羅門」特權的婆羅門教，並沒有讓所有印度人信服。不欲仰賴傳統信仰與聖典的人們開始離開家庭、隱逸山林，想要藉著自我體驗與精神修養徹悟宇宙人生，這些出家人便被稱為「沙門」。與享有特權的「婆羅門」相比，這些沙門為真理而為的修行生活替他們贏得尊敬，許多人對他們心生恭敬而供給衣食。西元前六世紀左右，出現許多擁有成千上百弟子的大沙門，以他們自己體驗所得的道理，教導他們的弟子，成就了一個思想極為活潑多元的時代。富蘭那迦葉、婆浮陀迦旃燃聃那、末迦梨瞿舍梨子、阿耆多翅舍欽婆羅、刪耶毗羅茶子、尼乾陀弱提子、釋迦牟尼等等都是當時著名的思想家，前六位又被稱為「六師」，而最為興盛的教派和思想則是順世論、阿耆維教、耆那教與佛教。

印度的唯物論—順世論（順世外道）

順世論的創始者是阿耆多翅舍欽婆羅，他認為人是由地、水、火、風「四大」所構成，死後一切回歸四大，什麼都不存在，這「四大」也是萬有本源，一切東西都是由「四大」和合而成。順世論反對吠陀以來的任何神祇或是「梵」，而只承認物質的存在，感官經驗是人唯一的知識來源，包括推理在內的其他認知方式都是靠不住的。他們認為人的意識或精神也是源自於物質，所以只有在人的身體內才能存在，如果身體毀滅了，精神也會隨之消失而無所謂輪迴，所以他們更反對種姓制度以及「業」的概念，轉而鼓勵人們追求現世幸福，認為人的解脫自由就是在人間享樂。因為順世論的主張幾乎和所有吠陀以來的重要觀念相衝突，所以幾千年來一直受到打壓和排斥，相關經典今天已完全失傳。

「六師外道」

此時所興起的諸多哲學流派，在佛教的經典中被稱為「外道」，以與佛教做為區別。「外道」的梵語原義是應受尊敬之隱者，後來漸有「邪門外道」的貶意。當時佛陀就稱上面六位思想家為「六師」、「六師外道」。

一切皆有命—阿耆維教（邪命外道）

阿耆維教的創始人是瞿舍梨子。阿耆維教認為宇宙萬物是由十二種元素所組成：靈魂、地、水、風、火、虛空、得、失、苦、樂、生、死。其中地、水、火、風是純粹的物質；虛空是其他元素存在的場所；苦、樂、生、死是獨立的精神元素，由於承認靈魂和物質元素，但又把靈魂當作是物體，因此似乎介於二元論和唯物論之間。阿耆維教認為輪迴和解脫都與「業」無關，人的意志和修行也改變不了任何事物與結果，人的遭遇和輪迴都是被命定的，採取強烈的宿命論的看法。中國的佛經中稱阿耆維教為「邪命外道」。

萬物有靈而不可殺生—耆那教（尼乾外道）

耆那教的創始人是尼乾陀若提子，所以佛經中又稱其為「尼乾外道」，耆那意為「勝利者」，用來稱呼完成修行的人。耆那教認為不只是人擁有靈魂，動物、植物也都具有靈魂，所以耆那教徒嚴守不殺生的戒律。耆那教將萬物分為靈魂（又稱為「命」）和非靈魂（又稱為「非命」）兩大類。而靈魂則可分為輪迴中和解脫的，而非靈魂的法、非法（運動和靜止的條件）、虛空（事物的場所）、物質（原子和原子的複合物）加上靈魂和時間便構成了宇宙。耆那教認為靈魂是因為被「業」所束縛，才會陷入輪迴。人應以苦行消滅

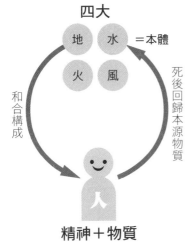

順世論認為身體毀滅了，精神也會隨之消失。

過去的「業」，並且防止新「業」流入以淨化靈魂、證得涅槃。行為所產生的「業」流入靈魂，他們稱之為「漏」，所以「無漏」才能跳脫輪迴，達到解脫。耆那教徒需要遵守的戒律稱為「五戒」：不殺生、不妄語、不偷盜、不淫亂、不擁有財物。耆那教和佛教有許多相似之處，興起的時間也相近，直到今天印度仍有數百萬耆那教徒。

阿耆維教、耆那教

阿耆維教

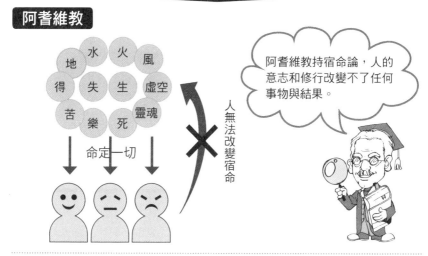

阿耆維教持宿命論，人的意志和修行改變不了任何事物與結果。

地 水 火 風
得 失 生 虛空
苦 樂 死 靈魂

命定一切

人無法改變宿命

耆那教

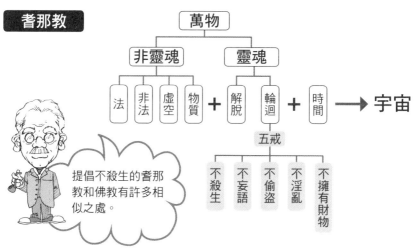

提倡不殺生的耆那教和佛教有許多相似之處。

萬物
├─ 非靈魂
│   ├─ 法
│   ├─ 非法
│   ├─ 虛空
│   └─ 物質
└─ 靈魂 + 時間 → 宇宙
    ├─ 解脫
    └─ 輪迴
        五戒
        ├─ 不殺生
        ├─ 不妄語
        ├─ 不偷盜
        ├─ 不淫亂
        └─ 不擁有財物

佛教思想及其發展

印度思想在華人文化中最為一般人熟識的應該就是佛教。雖然佛教曾經在十三世紀左右一度退出印度的歷史舞台，但是佛教和佛學卻成為亞洲的主要宗教和精神文化，進而影響到整個世界。

悟道者悉達多

佛教創始人是喬達摩·悉達多，他出生於古印度的迦毗羅衛城（即今天的尼泊爾境內），是釋迦族的淨飯王太子。「釋迦牟尼」是後世佛教徒對他的尊稱，意思是「釋迦族的賢聖」。在佛教經典中的悉達多充滿了神話色彩，傳說他一出生就腳踏七步、步步蓮花，並且一手指天、一手指地，說出「天上天下、唯我獨尊」這樣的話。悉達多出身於剎帝利種姓，接受婆羅門教的傳統教育，學習吠陀經典。雖然他的生活過得非常幸福，但是因為有感於生、老、病、死等人生無常，二十九歲時仍決定出家。悉達多先跟隨數論派的賢人學習禪定，後來嘗試經由苦行發現真理、尋求解脫，然而六年後只換來屠弱的身軀。在拋棄禪定和苦行之後悉達多在菩提樹下七天七夜終於覺悟，此後被稱為「佛陀」或「佛」，也就是「覺悟者」的意思。這一年他三十五歲，成佛後的悉達多開始四十五年宣傳佛法的生活，直到生命結束。

原始佛教──四諦與三法印

悉達多悟到了什麼呢？他第一次傳佛法的內容稱為「四諦」（四項真理），分別是「苦」、「集」、「滅」、「道」。「苦諦」是人生多苦的現象、「集諦」是人生產生痛苦的原因、「滅諦」是消滅痛苦的結果、「道諦」是滅除痛苦的途徑。關於產生痛苦的原因，悉達多列舉了十二種相互依存的關係或條件，又稱「十二因緣」。其中最重要的是第一種「無明」，也就是無知。因為一切痛苦都起於對事物本性的無知。那麼悉達多認為事物的本性是什麼呢？他用「諸行無常、諸法無我、涅槃寂

佛骨

相傳佛陀逝世後，弟子們將其遺體焚化，有八國國王分得遺骨，為其建塔供養膜拜。後來統一印度的阿育王再將其分成八萬四千份，分至各地建塔供養，其中有許多也傳入中國。唐朝的韓愈就曾作〈諫迎佛骨表〉上書唐憲宗，以儒家思想的立場反對迎佛骨入宮，結果觸怒憲宗而遭到貶職。這枚佛指骨也曾來台展示，引起轟動。

靜」來說明:「諸行無常」是說一切現象皆受因緣限制,沒有一樣是常住不變的;「諸法無我」指的是沒有不依賴眾緣而能獨立存在的永恆實體;「涅槃寂靜」則是滅卻一切煩惱,了脫生死輪迴的精神境界。這三項道理又叫做「三法印」,可以用來印證佛法是否正確。悉達多認為他所悟得是一種「中道」,因為他在沙門思潮的縱慾和婆羅門教的苦行之間,採取了八正道做為涅槃解脫的途徑。這些由悉達多本人所傳授的道理,是佛學最原始的面貌。

從部派佛教到大乘佛教

在悉達多逝世之後,他的門徒曾經集結佛經、努力修行,但佛教內部也漸漸產生分裂,佛教進入「部派佛教」時期。最初分為革新派的「大眾部」和保守派的「上座部」,分裂的原因在南傳和北傳佛教中有不同的解釋,前者認為是對戒律的看法不

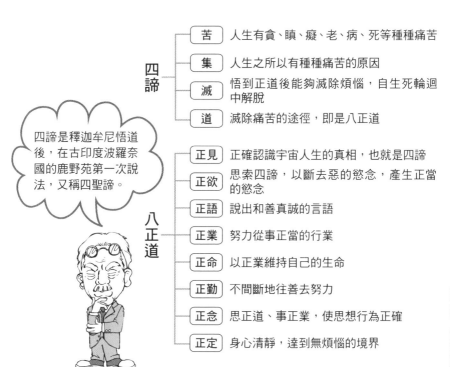

四諦八正道

四諦是釋迦牟尼悟道後,在古印度波羅奈國的鹿野苑第一次說法,又稱四聖諦。

四諦

苦	人生有貪、瞋、癡、老、病、死等種種痛苦
集	人生之所以有種種痛苦的原因
滅	悟到正道後能夠滅除煩惱,自生死輪迴中解脫
道	滅除痛苦的途徑,即是八正道

八正道

正見	正確認識宇宙人生的真相,也就是四諦
正欲	思索四諦,以斷去惡的慾念,產生正當的慾念
正語	說出和善真誠的言語
正業	努力從事正當的行業
正命	以正業維持自己的生命
正勤	不間斷地往善去努力
正念	思正道、事正業,使思想行為正確
正定	身心清靜,達到無煩惱的境界

同、後者則認為是教義上的分裂，後來更分裂為十八部或二十部。西元一世紀前後，大乘佛教興起。「乘」有車乘或道路的意思，此時興起的佛教流派自稱「大乘」，亦即大道之意，並將前期佛教貶為「小乘」。小乘稱修成正果，求得解脫者為「（阿）羅漢」，大乘強調「菩薩」（意為求覺悟之人），立誓救濟眾生，通過布施、持戒、忍辱、精進、禪定、智慧，累積功德，便能成佛。許多重要的佛教經典都出現在這個時期。

中觀派與瑜珈行派

大乘佛教主要可分為「中觀派」（又稱為「空宗」、「般若宗」）和「瑜珈行派」（又稱為「有宗」、「唯識宗」）。「中觀派」的創始人是龍樹與其學生提婆，因主張觀察問題不要執於一端，應綜合兩邊合乎中道而得名。「中觀派」認為人生痛苦起於對事物沒有正確了解，其實一切事物都是依「緣」而生，並不存在獨立的恆常本性，所以又稱「空宗」。「瑜珈行派」則由無著、世親兩兄弟所創設，認為一切現象都是由精神實體「識」變化所成。「識」可以分為八類：眼識、耳識、舌識、鼻識、身識、意識、末那識、阿賴耶識。其中阿賴耶識藏有宇宙萬有的種子，在時機成熟時能生出宇宙萬有。後來的瑜珈行派大師也致力於「因明學」的研究，也就是佛教的邏輯學。

密宗與印度佛教的滅亡

西元六世紀後，佛教與婆羅門教、民間信仰結合，形成了密宗。密宗強調高度組織化的符咒和儀式，認為口唸咒語、手結契印、心作觀想，三者皆具便能成佛。佛教發展至此，已與悉達多的初衷相離不知幾何。密宗認為作為宇宙本原的「六大」：地、水、風、火、空、識，就是佛的真身，而本體和現象二者同一，所以認識現象也就認識了本體，宇宙的一切都是佛的顯現。這種看法已把作為覺悟者（佛陀）的悉達多變成「吠陀」裡的梵天了。西元八世紀之後，印度教又開始興盛，佛教則走向密宗的神祕主義。在伊斯蘭教國家入侵後，佛教更遭到伊斯蘭教徒的迫害，在十三世紀終於消失。現在印度的佛教是在十九世紀從斯里蘭卡所傳回的，中間中斷了有數百年之久。

到西方取經的唐三藏

唐朝玄奘留學印度，就是跟著瑜珈行派的戒賢大師學習。回到中土之後，則大量翻譯了瑜珈行派的典籍，將唯識宗傳入中國。

印度佛教發展簡表

西元前6～3世紀

- 悉達多三十五歲時在菩提樹下覺悟成佛。佛陀開始宣揚四諦、三法印、八正道。
- 佛教因南傳、北傳，分裂為十八部。
- 孔雀王朝的阿育王奉佛教為國教。

西元1世紀

- 大乘佛教興起 ｛小乘佛教—著重自我解脫。
  　　　　　　　大乘佛教—強調普渡眾生。
- 強調「菩薩」，立誓救濟眾生，透過布施、持戒、忍辱、精進、禪定、智慧、累積功德，便能成佛。

大乘佛教

> **中觀派（又稱「空宗」、「般若宗」）**
> - 認為人生痛苦起於執於一端，然一切事物都是依「緣」而生，並無獨立恆常的本性。
>
> **瑜珈行派（又稱「有宗」、「唯識宗」）**
> - 認為一切現象皆由「識」變化生成。
> - 「識」為精神實體，分為：眼識、耳識、舌識、鼻識、身識、意識、末那識、阿賴耶識。

西元6世紀

- 佛教、婆羅門教與民間信仰相結合，密宗興起。
- 強調符咒與儀式，以口唸咒語、手結契印、心作觀想，便能成佛。

西元8世紀

- 印度教再度興盛。
- 佛教走向密宗神祕主義。

西元13世紀

- 伊斯蘭教國家入侵印度，佛教受迫害而消失。

西元19世紀

- 中斷數百年後，印度佛教由斯里蘭卡傳回，即是印度現存佛教。

婆羅門教哲學①：數論與瑜珈

被視為是正統哲學流派的婆羅門教哲學，主要分為六派：數論、瑜珈、勝論、正理、彌曼差、吠壇多。其中數論派的理論為瑜珈派所認同、瑜珈派的修行方法則常為數論派所採用，兩者關係密切。

數論學派

數論學派相傳是迦毗羅所創，數論學派從「因中有果論」出發，認為所有的結果都只是原因的轉變，而現今的世界一定也需要一個最初的根本原因，數論學派將其稱之為「自性」。「自性」是一種尚未變化的原初物質，它和它所變化之物都具有三種成分，稱為「三德」：薩埵（喜與照明）、羅闍（憂與衝動）、多磨（迷暗與抑制）。除了物質性的「自性」之外，還有一個精神實體「神我」。「神我」不演變為事物，但是能夠促使三德失去平衡，開始變化產生萬物。

解脫之道

輪迴解脫方面，數論認為輪迴是在天、獸、人三界進行的，而輪迴之苦可以分為「依內苦」（自我身心之苦）、「依外苦」（外在世界所造成之苦）、「依天苦」（天象氣候所造成之苦）。至於解苦之道，就在於體認「自性」與「神我」和其所演變出來的「二元二十五諦」：覺（相當於理性）、我慢（相當於自我意識）、眼、耳、鼻、舌、皮、發聲器官、手、足、排泄器官、生殖器官、心（合稱十一根）、香、味、色、觸、聲（合稱五唯）、地、水、火、風、空（合稱五大）。（自性、覺、我慢、神我、十一根、五唯、五大，合稱「二元二十五諦」。）最後能讓「自性」不再跟「神我」結合，便能脫離輪迴不再變化，方能解脫。

瑜珈學派

瑜珈是印度文明中極為古老的傳統，在吠陀文獻中瑜珈是指一種苦行方法，除了身體的苦還要加上心靈的觀想。不過鉢顛闍利將原來單純作為修行方法的瑜珈加以理論化，成為婆羅門教哲學的六派之一。瑜珈學派認為造成痛苦的原因在於「能觀」（觀念上的觀察）和「所觀」（感官的觀察）的結合，而其結合是因為「無明」。要消除「無明」則要靠瑜珈的「八支行法」具體實踐，瑜珈可以抑制和斷滅心的作用，達到「辨別智」的境界。不過修行到最後必須把「辨別智」也擺脫掉，才能從輪迴中解脫。

數論學派、瑜珈學派

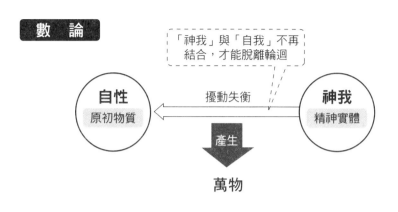

數　論

「神我」與「自我」不再結合，才能脫離輪迴

自性
原初物質

擾動失衡

神我
精神實體

產生

萬物

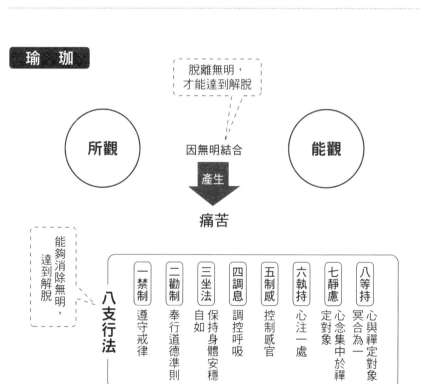

瑜　珈

脫離無明，才能達到解脫

所觀

因無明結合

能觀

產生

痛苦

能夠消除無明，達到解脫

八支行法

一禁制	遵守戒律
二勸制	奉行道德準則
三坐法	保持身體安穩
四調息	調控呼吸
五制感	控制感官
六執持	心注一處
七靜慮	心念集中於禪定對象
八等持	心與禪定對象冥合為一

婆羅門教哲學②：勝論與正理

婆羅門教正統哲學中的勝論和正理都是注重知識的學派。不過勝論注重對概念對象的歸類分析，而正理則在邏輯推理領域有長足的發展。

勝論學派

　　勝論學派的創始人相傳是迦那陀。其基本主張是「句義論」，「句義」指的是與概念相對應的實在物，勝論學派把萬有做了詳細的區分歸類，而他們的哲學主張也蘊含在「句義論」之中。勝論學派認為物體是由原子（或稱「極微」）組成，每個原子都具有其自身的屬性，可以分為地、水、火、風。所以世界是由原子所結合而成的客觀存在，而其結合是由不可見的規律所推動的。勝論學派把存在的範疇分為七種：實（實體）、德（性質）、業（行動）、同（普遍）、異（特殊）、和合（內在聯繫）、無（非存在）。勝論學派反對「因中有果論」的看法，認為原因和結果有所差別，原因尚未產生結果之前，原因中並不存在結果。勝論派雖然也承認輪迴與解脫，但是與其他婆羅門教哲學相較，勝論學派在這方面較少著墨。

正理學派

　　正理學派（或者音譯為「尼耶學派」）相傳是喬答摩（與佛陀同名）所創，「正理」字面的意思是方法或規則。正理學派著重於邏輯的推理、辯論的形式、錯誤的原因。正理的推論方式稱為「五支論式」，由五個部分構成推理的形式：宗（相當於命題）、因（相當於理由或前提）、喻（例證）、合（應用）、結（結論）。正理學派所研究整理出來的正確和錯誤推理的形式，被稱為「十六諦」：量、所量、疑、動機、實例、宗義、論式、思擇、決了、論議、論諍、論詰、似因、曲解、倒難、墮負。這十六諦被認為是人生求得解脫的關鍵。

正理學派的知識論與解脫之道

　　正理學派認為人類的知識是對象的顯示，所以知識的真假就是與對象的性質是否符應。人類的知識可以從獲得途徑區分為正確有效和非正確有效兩種。正確有效的知識來源有四種：感官、推理、類比、言詞證據；而非正確有效的知識來源則是記憶、疑問、錯誤的感官、假定的看法。正理學派認為認識的對象共有十二種：我、身、根、境、覺、意、業、過失、再生、果報、苦、解脫。獲得正確知識並不是為了知識本身，而是要以之做為憑藉，除去錯誤的認識和一切煩惱，從輪迴之中解脫。

五支論式、十六諦

五支論式

宗	命題	➝	例如：山中起火
因	前提	➝	例如：山谷有煙
喻	例證	➝	例如：有煙必有火
合	應用	➝	例如：山谷有煙，必定是山中起火
結	結論	➝	例如：所以山中起火

十六諦

量	獲得正確認識的方式
所量	認識的對象
疑	面對矛盾判斷時疑惑的心理狀態
動機	人開始行動的目的
實例	人人都承認的事實或真理
宗義	根據某一學派立論
論式	即「五支論式」
思擇	當不知道真相時，透過假設來認識真理
決了	考慮雙方的觀點以做出決斷
論議	採取正確的認識方法與論式來辯論
論諍	採取詭辯與不正當手段進行辯論
論詰	破壞對方論點，自己不立論
似因	似是而非的根據或理由
曲解	在對方所使用的言語中選擇非對方所指的含意
倒難	錯誤的非難
墮負	在辯論中誤解或未能理解

婆羅門教哲學③：彌曼差與吠檀多

彌曼差和吠檀多兩派是直接從婆羅門教義中演變出來的，可說是婆羅門教哲學中的主流思想。不過彌曼差學派偏重婆羅門教祭祀的研究、吠檀多學派則注重教義中的哲理，所以吠檀多學派的思想更為重要。

彌曼差學派

彌曼差學派相傳由闍彌尼所創，因吠檀多學派也被稱為「後彌曼差」，所以彌曼差又被稱為「前彌曼差學派」。彌曼差學派認為吠陀文獻具有神聖價值，深信祭祀的功效。在這樣的信念上，彌曼差學派反而發展出無神論的看法。認為祭祀能夠為人們帶來好處，彌曼差將這種力量稱為「無前」（祭祀之前沒有好處）。但是如果有神，那麼為人們帶來好處的力量就不是「無前」，而是神，這等於是否定了祭祀的力量，所以彌曼差學派因為強調祭祀，反倒否認了神的存在。

聲常住論

「彌曼差」在梵語裡指的是理性的探討，「彌曼差」學派則重視對於祭祀的研究，祭祀的聲音和概念等因素引發彌曼差學派提出「聲常住論」的看法。所謂「聲」泛指言語和觀念，尤其是指〈吠陀〉的聲音和觀念。彌曼差學派將「聲」視為是一種常住不變的先天存在，並非由人所造。因為「聲」所代表的事物可能滅失，但「聲」卻能永遠存在。而且「聲」若不常住，兩個人對話也不可能彼此了解。後來彌曼差派的學者進一步繼承了勝論學派的「句義論」，反對萬有虛幻，認為世界是具體實在的。

吠檀多學派

「吠檀多」本身就是《奧義書》的一個別名，吠檀多學派繼承了《奧義書》中婆羅門教的核心思想，所以吠檀多哲學也相當於是奧義書哲學，其創始人為跋達羅衍那。吠檀多繼承了《奧義書》中「梵我合一」的想法，認為「梵」是世界的最高主宰、永恆不滅、全知全能的宇宙精神，是一切現象產生、維持和毀滅的最終原因。但是「梵」與現象界的關係（梵我關係）究竟為何，對此問題的不同看法形成了吠檀多學派的眾多不同分支。吠檀多學派後來最有影響力的哲學家則以商羯羅和摩陀婆為代表，兩人對梵我關係的見解也各有不同。

商羯羅與摩陀婆

商羯羅認為「梵」在本質上本來是唯一而無差別，也不具有任何屬性，但是因為人的無明，替「梵」添加了種種屬性，具有限制和屬性的現象界才從「梵」之中分離出來，有了

「上梵」與「下梵」的區分。要認識到真實的「梵」，必須依靠《奧義書》的教誨，通過智慧和修行達到「梵我合一」。後來的摩陀婆則認為「梵」和物質乃至個體靈魂都不相同，「梵」是永恆的同一、後者是變動的雜多，兩者永遠不可能合一，所以人的解脫除了仰賴《吠陀》，還是要依靠對神的崇拜。

吠壇多學派

商羯羅

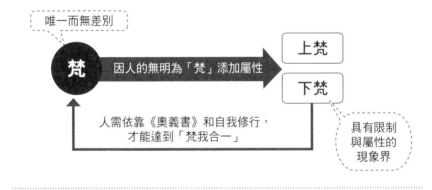

唯一而無差別

梵 → 因人的無明為「梵」添加屬性 → 上梵／下梵

具有限制與屬性的現象界

人需依靠《奧義書》和自我修行，才能達到「梵我合一」

摩陀婆

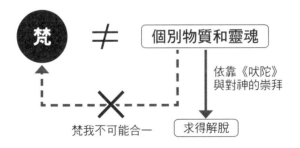

梵 ≠ 個別物質和靈魂

依靠《吠陀》與對神的崇拜

求得解脫

梵我不可能合一

註1 「禮云禮云，玉帛云乎哉？樂云樂云，鐘鼓云乎哉？」：所謂的禮，難道指的是玉帛那些禮物嗎？所謂的樂，難道指的是鐘鼓那些樂器嗎？意指禮樂的要義並非僅在外在的器物。

註2 「人而不仁如禮何？人而不仁如樂何？」：人如果不仁，要如何對待禮儀制度呢？人如果不仁，要如何對待音樂呢？

註3 「夫仁者，己欲立而立人，己欲達而達人」：所謂的（行）仁，便是自己想要安穩立足，也幫助別人安穩立足，自己想要進展通達，也幫助別人進展通達。

註4 「克己復禮為仁」：仁就是約束自己，凡事均以禮為依歸。

註5 「乍見孺子將入於井，皆有怵惕惻隱之心」：看到小朋友就要掉到井裡了，人人都會感到驚懼憂慮。

註6 「仁義禮智，非由外鑠我也，我固有之也，求則得之，舍則失之」：仁義禮智並非是由外在塑造的，而是我本來就有的，我欲求便可得到，我放棄便會失去。

註7 「夫物芸芸，各復歸其根，歸根曰靜，是謂復命，復命曰常，知常曰明。不知常，妄作，凶。」：萬物的發展都會回歸到其本原，回歸本原便叫做「靜」，也就是回復其永恆的本性，回復本性便叫做「常」，能夠瞭解此一「常道」，便叫做「明」，不能瞭解常道而胡亂妄作，便會凶多吉少。

※ 以上註釋參考：
1. 《解讀論語》傅佩榮著　立緒出版
2. 《論語今註今譯》毛子水註譯　台灣商務出版
3. 《孟子今註今譯》史次耘註譯　台灣商務出版
4. 《老子今註今譯及評介》陳鼓應註譯　台灣商務出版
5. 《新譯老子解義》吳怡著　三民書局出版

1. 《西方邏輯史》，馬玉珂主編，中國人民大學出版社，1985 年 1 月。

2. 《荀子集解》，王先謙，世界書局，1991 年 1 月。

3. 《老莊新論》，陳鼓應著，五南圖書，1995 年 4 月。

4. 《中國哲學史新編》（一）～（七），馮友蘭，藍燈文化，1991 年 12 月。

5. 《東方著名哲學家評傳》，巫白慧主編，山東人民出版社，2000 年 1 月。

6. 《思考與理性思考》，葉保強、余錦波著，台灣商務印書館，1995 年 9 月。

7. 《歐洲科學危機與超越現象學》，胡塞爾著，張慶熊譯，桂冠圖書，1992 年。

8. 《印度哲學史》（一）、（二），周祥光撰，國防研究院，1962 年 6 月。

9. 《印度哲學史》（一）、（二），Surendranath Dasgupta 著，林煌洲譯，國立編譯館，1998 年。

10. 《荀子學説》，陳大齊著，中國文化大學出版部，1989 年。

11. 《印度哲學史略》，湯錫予著，河洛圖書，1973 年。

12. 《倫理學》，林火旺編著，國立空中大學，1997 年。

13. 《西洋哲學史》（一）～（七），Frederick Copleston 著，傅佩榮等譯，黎明文化，1993 年。

14. 《邏輯》，林正弘著，三民，1994 年。

15. 《通往哲學的後門階梯—34 位哲學大師的生活與思想》，Wilhelm Weischedel 著，鄭志成譯，2002 年。

16. 《當代中國哲學》，賀麟撰，西部，1971 年。

17. 《中國新文明的探索—當代中國思想家》，張永儁主編，正中，1991 年。

18. 《中國現代哲學》，張文儒、郭建寧，北大出版社，2001 年。

19. 《現代西方法理學》，沈宗靈，北大出版社1992 年。

20. 《現代與後現代》，黃瑞祺著，巨流文化，2000 年。

21. 《西洋哲學三百題》，陳志良主編，建宏出版社，1997 年。

22. 《中國哲學三百題》，夏乃儒主編，建宏出版社，1997 年。

23. 《劍橋哲學辭典中文版》，Robert Audi 主編，貓頭鷹，2002 年。

24. 《宗教哲學》，劉仲容、林天河編著，國立空中大學，2000 年。

25. 《東方哲學概論》，樓宇烈主編，北京大學出版社，1997 年。

26. 《哲學辭典》，Peter A Angeles 著，貓頭鷹出版社，2000 年。

27. 《想一想哲學問題》，林正弘主編，三民書局，2002 年。

28. 《當代自由主義》，石元康著，聯經，1995 年。

29. 《畫說哲學》（一）～（五），周國平等，書林，1996 年。

30. 《密爾，論自由》，唐山，1986 年。

31. 《葛達瑪詮釋學與中國哲學的詮釋》，陳榮華著，國立編譯館，1998 年。

32. 《維也納學派哲學》，洪謙著，唐山，1996 年。

33. 《法理學法律哲學與法律方法》，Bodenheimer 著、鄧正來譯，中國政法大學出版社，1998 年。

34. 《中國佛學思想概論》，呂澂著，天華出版，1982 年。

35. 《羅爾斯正義論》，林火旺著，中山學術文化基金會，1998 年。

36. 《語言學的轉向—當代分析哲學的發展》，洪漢鼎著，遠流，1992 年。

37. 《法與實踐理性》，顏厥安著，允晨，1998 年。

38. 《美學》，尤煌傑、潘小雪編著，國立空中大學，2002 年。

39. 《當代哲學對話錄》，Bryan Magee 編、周穗明等譯，台灣商務印書館，1994 年。

40. 《物質與意識—當代心靈哲學導讀》，Paul Churchland 著、汪益譯，遠流，1994 年。

41. 《校正莊子集釋》，楊家駱主編，世界書局，1982 年。

42. 《四書集注》，朱熹撰，世界書局，1990 年。

43. 《海德格哲學—思考與存有》，陳榮華作，輔仁大學出版社，1992 年。

44. 《中國哲學簡史》，馮友蘭著，藍燈文化，1993 年。

國家圖書館出版品預行編目資料

圖解哲學 / 李忠謙著. -- 修訂初版. -- 臺北市：易博士文化，
城邦文化出版：家庭傳媒城邦分公司發行, 2017.07
　　面；　　公分. -- (Knowledge base系列)
　　ISBN 978-986-480-021-6(平裝)

　1.哲學

100　　　　　　　　　　　　　　　　　　106009767

DK0073

圖解哲學（修訂版）

作　　　　者	／	李忠謙、易博士編輯部
企 畫 提 案	／	蕭麗媛
執 行 編 輯	／	蕭麗媛、呂舒峮
企 畫 監 製	／	蕭麗媛

業 務 經 理	／	羅越華
總 編 輯	／	蕭麗媛
視 覺 總 監	／	陳栩椿
發 行 人	／	何飛鵬
出 版	／	易博士文化

城邦文化事業股份有限公司
台北市中山區民生東路二段141號8樓
電話：(02) 2500-7008　　傳真：(02) 2502-7676
E-mail：ct_easybooks@hmg.com.tw

發　　　　行　／英屬蓋曼群島商家庭傳媒股份有限公司城邦分公司
台北市中山區民生東路二段141號11樓
書虫客服服務專線：（02）2500-7718、2500-7719
服務時間：周一至周五上午09:30-12:00；下午13:30-17:00
24小時傳真服務：（02）2500-1990、2500-1991
讀者服務信箱：service@readingclub.com.tw
劃撥帳號：19863813
戶名：書虫股份有限公司
香港發行所／城邦（香港）出版集團有限公司
香港灣仔駱克道193號東超商業中心1樓
電話：（852）2508-6231　傳真：（852）2578-9337
E-mail：hkcite@biznetvigator.com
馬新發行所／城邦（馬新）出版集團 [Cite (M) Sdn. Bhd.]
41, Jalan Radin Anum, Bandar Baru Sri Petaling,
57000 Kuala Lumpur, Malaysia
電話：（603）9057-8822　傳真：（603）9057-6622
E-mail：cite@cite.com.my

美 術 編 輯	／	雞人工作室、陳姿秀
內 頁 插 畫	／	溫國群
封 面 構 成	／	簡至成
製 版 印 刷	／	卡樂彩色製版印刷有限公司

■ 2004年06月29日初版
2011年04月19日大字版初版
2022年02月16日修訂一版4刷

ISBN 978-986-480-021-6
定價 300 元　HK$ 100

城邦讀書花園
www.cite.com.tw

Printed in Taiwan
著作權所有，翻印必究
缺頁或破損請寄回更換